ENCYCLOPÉDIE ÉLECTROTECHNIQUE

PAR

UN COMITÉ D'INGÉNIEURS SPÉCIALISTES

F. LOPPÉ, INGÉNIEUR DES ARTS ET MANUFACTURES
SECRÉTAIRE

MATÉRIAUX ÉLECTROTECHNIQUES NON ISOLANTS

PAR Paul RUDHARDT

ANCIEN CHEF DES LABORATOIRES DE RECHERCHES
DE LA COMPAGNIE DE L'INDUSTRIE ÉLECTRIQUE ET MÉCANIQUE DE GENÈVE
RÉDACTEUR EN CHEF DE LA REVUE POLYTECHNIQUE SUISSE

PARIS
LIBRAIRIE DES SCIENCES ET DE L'INDUSTRIE
L. GEISLER, IMPRIMEUR-ÉDITEUR
1, Rue de Médicis, 1

1909-10

Deuxième Partie

MATÉRIAUX ÉLECTROTECHNIQUES

NON ISOLANTS

ENCYCLOPÉDIE
ÉLECTROTECHNIQUE

PAR

UN COMITÉ D'INGÉNIEURS SPÉCIALISTES

F. LOPPÉ, INGÉNIEUR DES ARTS ET MANUFACTURES
SECRÉTAIRE

MATÉRIAUX ÉLECTROTECHNIQUES
NON ISOLANTS

PAR Paul RUDHARDT

ANCIEN CHEF DES LABORATOIRES DE RECHERCHES
DE LA COMPAGNIE DE L'INDUSTRIE ÉLECTRIQUE ET MÉCANIQUE DE GENÈVE
RÉDACTEUR EN CHEF DE LA REVUE POLYTECHNIQUE SUISSE.

Deuxième Partie

PARIS
ALBIN MICHEL
22, Rue Huyghens

1917

DEUXIÈME PARTIE

CHAPITRE PREMIER

Fusibles et coupe-circuit

Pour bien comprendre l'importance des fusibles et la nécessité qu'il y a d'avoir une connaissance parfaite des substances utilisées dans ce but, il convient d'examiner de près le processus du fonctionnement d'un coupe-circuit.

Par définition, un fusible est un conducteur de section moindre que celle de la ligne dans le circuit de laquelle il est placé, de façon à créer, à un endroit déterminé, un *point faible* par rapport au reste de l'installation. En cas d'augmentation notable de l'intensité, ce point faible sera porté rapidement à une température élevée et fondra, interrompant le courant et évitant de ce fait toute détérioration qu'aurait pu provoquer l'application prolongée d'une intensité anormale.

Nous avons dit : « Le fusible *fondra, interrompant le courant...* Cette obligation du fusible d'interrompre le passage du courant par sa rupture (fusion) amène à certaines remarques concernant aussi bien la nature du fusible que la disposition de son enveloppe (coupe-circuit). En effet, toute substance facilitant l'allumage d'un *arc* au moment de la fusion du fusible doit être rejetée, ainsi que tout dispositif permettant à cet *arc* de s'établir doit être prohibé.

Nous ne nous occuperons pas du coupe-circuit en tant qu'appareil ; le fusible lui-même, en tant que substance, retiendra seul notre attention.

* * *

I. — Fusibles pour coupe-circuit à air libre

On sait que pour un fil de longueur suffisante, placé dans un air calme, le courant pouvant faire fondre un fil de section circulaire de diamètre d, ou le diamètre du fil fondant par le passage d'un courant I, ont pour expression, d'après Preece :

$$I = a d^{\frac{3}{2}}; \qquad d = \left(\frac{I}{a}\right)^{\frac{2}{3}},$$

étant admis que les valeurs de a pour d exprimé en millimètres, et I en ampères, sont, pour un certain nombre de métaux :

	a (d en m/m)
Cuivre	80,0
Argent	60
Aluminium	59,2
Platine	40,4
Maillechort	40,8
Platinoïde	37,1
Fer	24,6
Etain	12
Alliage pour fusibles (2 parties de plomb, 1 partie d'étain	10,8
Plomb	10

Nous donnerons, d'après M. F. H. Cinget, le tableau des différentes intensités de fusion suivant les diamètres et longueurs de fils, des métaux ordinairement employés.

Diamètres en millimètres	AMPÈRES DE FUSION							
	MAILLECHORT Longueurs en millimètres				ALUMINIUM Longueurs en millimètres			
	3	50	100	150	3	50	100	150
	amp.	amp.	amp.	amp.	amp.	amp.	amp.	amp.
0,9	37,8	32	29	26,2	50	46,8	43,5	40
1	40,8	37,5	34	30,75	59,8	55	51	47,2
2	115 —	105	96	87	168	155	144	133
3	211	195	176	160	310	285	264	244
4	326	300	262	246	478	440	400	377
5	481	443	401	363	705	649	601	557
6	599	551	500	452	879	808	750	694
7	755	683	629	569	1106	1017	943	873

Diamètres en millimètres	AMPÈRES DE FUSION							
	CUIVRE Longueurs en millimètres				PLOMB-ÉTAIN Longueurs en millimètres			
	3	50	100	150	3	50	100	150
	amp.	amp.	amp.	amp.	amp.	amp.	amp.	amp.
0,9	68	65	62	59	8,8	8,1	7,7	7
1	80	76,5	73	70	10,3	9,5	9	8,25
2	225	215	205	197	29	26,8	25,4	23,26
3	415	397	378	363	53,5	49,3	46,7	43
4	640	612	584	560	82,4	76	72	66
5	944	902	861	826	115	112	106	91,5
6	1176	1126	1073	1029	152	139,6	132,3	120
7	1480	1415	1350	1295	190,5	175,7	166,5	152,6

* * *

Mais il est deux facteurs importants à considérer dans la question des fusibles :

1° La nature du métal employé ;

2° Le temps pendant lequel le fusible est soumis à une surcharge.

Nous examinerons tout d'abord l'importance de la durée sur la fusion, ce qui nous amènera à comprendre la prédilection marquée des électriciens pour certains métaux, dans leur application comme fusibles.

En effet, il est compréhensible que l'action d'un coupe-circuit n'est pas instantanée ; il faut quel que soit le métal employé et les dispositions prises pour porter le métal à son point de fusion, emmagasiner une certaine quantité d'énergie, qui, transformée en chaleur, produit la fusion.

Or, de nombreuses causes étrangères influent sur le point de fusion, notamment : la longueur du fil, l'état de l'air (coupe-circuit à fusibles enfermés ou à air libre), la température de celui-ci, la masse plus ou moins grande des attaches des fusibles, ainsi que la position de ceux-ci, horizontale ou verticale, etc.

Il faudra toujours tenir compte de ces divers facteurs, lors de l'étalonnage, en admettant une durée déterminée en secondes et un coefficient d'intensité (une, une et demie ou deux fois l'intensité normale).

Et c'est surtout dans la question *temps* que le choix du métal est important.

* * *

Si l'on prend un corps très malléable, mou, facilement déformable sous l'influence de la chaleur, on risquera, au bout d'un certain temps de surcharge — même peu importante — de voir le fusible s'affaisser, s'amincir et se rompre ; d'autre part les métaux médiocrement conducteurs exigent, pour de hautes intensités, des dimensions telles que, vu la masse de tels fusibles, ils peuvent supporter pendant une ou deux secondes, sans fondre, des intensités correspondant à 6 à 8 fois la charge normale, conditions très défavorables. En d'autres termes, le fonctionnement de semblables appareils ne présente pas la sécurité désirable, par le manque de sensibilité et d'exactitude.

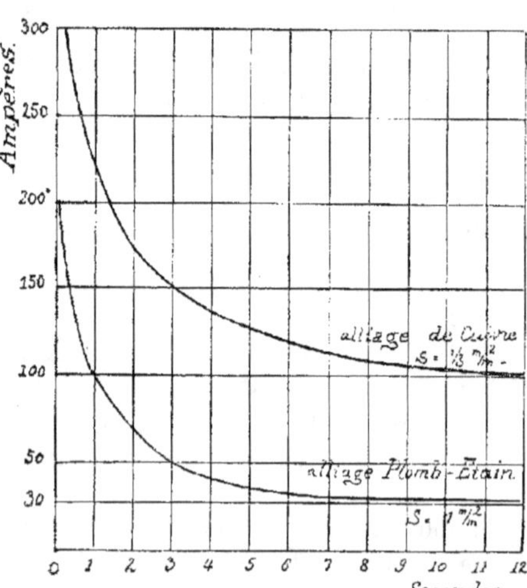

Fig. 33. — *Courbes d'étalonnage de fusibles.*

Les corps mous — et l'on comprend surtout dans cette appellation les *alliages de plomb et d'étain* — ne doivent donc être utilisés que dans les cas de basse et moyenne tensions et lorsque l'intensité n'atteint pas des valeurs très considérables.

Nous donnons (fig. 33), d'après M. F. de Pontcharra, des courbes d'étalonnage de fusibles qui permettent de juger de l'importance de la durée pour un alliage plomb-étain et un alliage à base de cuivre.

Les métaux durs, cuivre, argent, zinc, aluminium, ont respectivement chacun des propriétés qui les font préférer dans des cas particuliers, mais c'est surtout l'argent qui paraît être le plus fréquemment employé actuellement, aussi donnons-nous quelques courbes indiquant, pour des fusibles d'argent, les diamètres à choisir pour des intensités de régime déterminées.

* * *

a) **Alliages de plomb et d'étain.** — Le plus employé de ceux-ci, contenant, en poids, deux parties de plomb pour une partie d'étain, fond vers 180° ; il est d'une fabrication facile, d'un emploi commode dans la basse tension et les faibles intensités. Toutefois, vu son peu de résistance mécanique, il convient de ne pas serrer le fil fusible directement sous les vis d'attache du coupe-circuit, car il s'écrase et se coupe, mais de ne l'utiliser que muni à chaque extrémité de pièces de contact en cuivre ou tout autre métal dur approprié.

Une autre formule donne pour les fusibles plomb-étain, les quantités

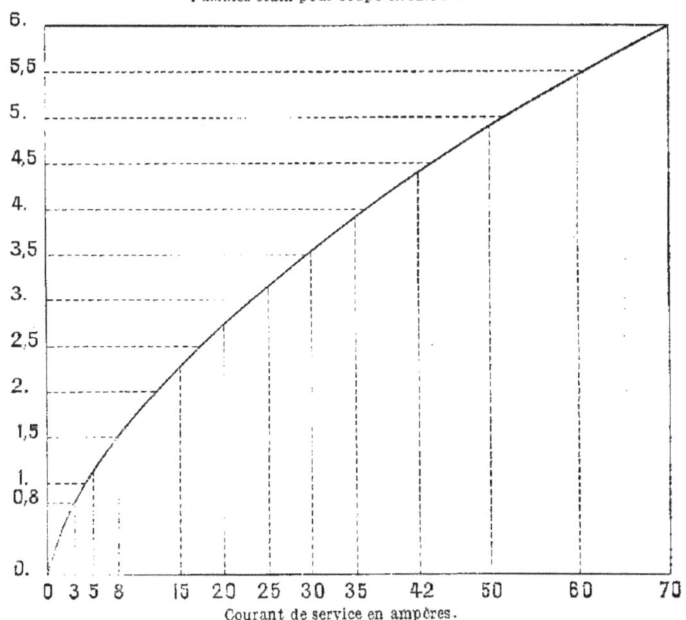

Fig. 34. — *Courbe indiquant les intensités de régime à admettre, pour des diamètres donnés dans les fusibles d'étain.*

suivantes de chacun de ces deux corps : 60 parties de plomb et 40 parties d'étain ; cet alliage est naturellement plus dur que le précédent.

Nous donnons également (fig. 34) une courbe indiquant, pour des fusibles d'étain, les diamètres de fils correspondant aux intensités de régime variant de 0 à 70 ampères.

Cette courbe, ainsi que celles des figures 35, 36, 37, sont les résultats de nombreuses et intéressantes séries d'expériences exécutées par les Services électriques de la Ville de Genève et que le directeur des Services, M. l'ingénieur Graizier, a mis la plus grande obligeance à nous communiquer ; nous tenons à l'en remercier vivement.

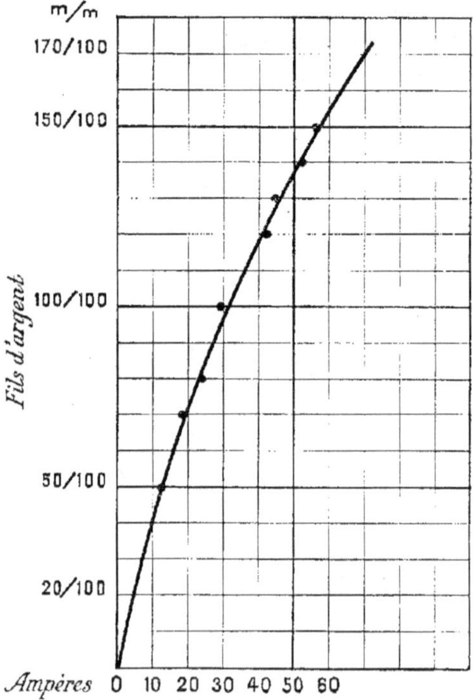

Fig. 35. — *Courbe indiquant les intensités de régime à admettre, pour des diamètres donnés, dans les fusibles d'argent.*

(Coffrets de lignes souterraines 500 volts).

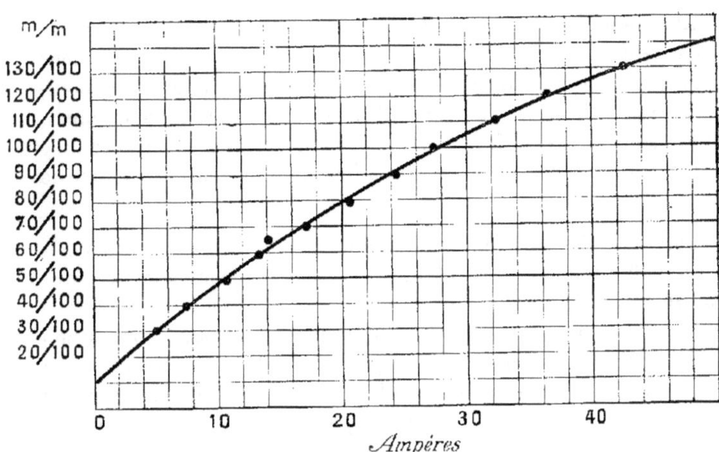

Fig. 36. — *Courbe indiquant les intensités de régime à admettre pour des diamètres donnés, dans les fusibles d'argent.* (Coffrets pour mise-en-marche de moteurs).

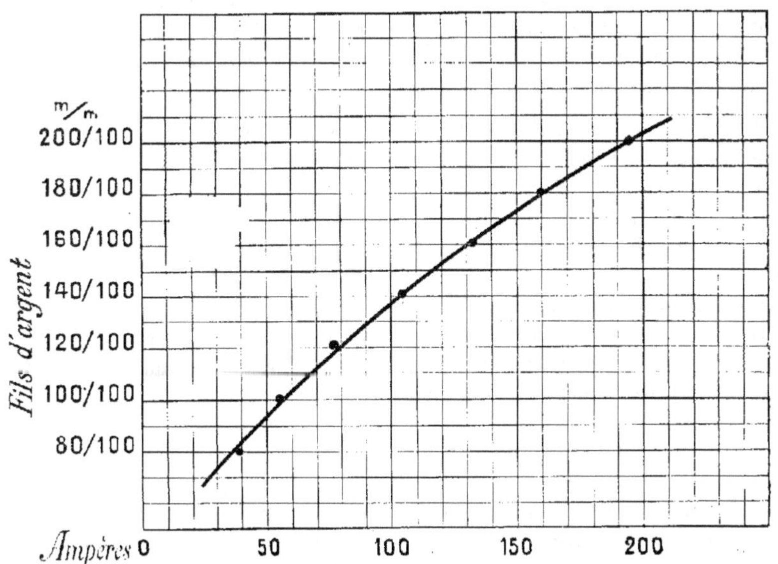

Fig. 37. — *Courbe indiquant les intensités de régime à admettre pour des diamètres donnés, dans les coupe-circuit à huile avec fusibles à fil d'argent.*

b) **Aluminium et zinc.** — Le zinc fond à 433° C, donc à température relativement basse, ce qui est avantageux ; d'autre part, au moment de sa rupture, le fusible se volatilise en produisant de grandes quantités d'oxyde de zinc qui tendent à éteindre l'arc ; l'aluminium, dont la température de fusion est 650°, fond souvent *en masse* comme l'étain et produit des vapeurs d'alumine favorables à l'extinction de l'arc.

c) **Cuivre.** — Vu la haute conductibilité de ce corps, on peut l'employer en fils minces pour intensités élevées (on peut admettre une intensité environ huit fois plus grande dans les fusibles de cuivre que dans ceux d'alliage étain-plomb), toutefois son point de fusion élevé — 1054° C — nécessite de prendre certaines précautions au point de vue des dangers d'incendie. Le mieux est d'ailleurs de ne jamais tolérer que des coupe-circuit parfaitement isolés et incombustibles.

Le cuivre peut être employé pur ou sous forme d'alliages ; certains expérimentateurs préfèrent cette dernière solution assurant que le cuivre pur, utilisé comme fusible, acquiert une texture cristalline au bout d'un certain temps, ce qui modifie les conditions de fusion et rend le dispositif moins exact.

d) **Argent.** — Quoiqu'il en soit relativement au cuivre, il est certain que le métal qui tend de plus en plus, et avec raison, à gagner la faveur des intéressés, c'est l'argent.

Conducteur parfait, très peu oxydable, résistant mécaniquement, l'argent possède de sérieuses qualités et le nombre des appareilleurs admettant des fils d'argent dans l'établissement de leurs fusibles est actuellement considérable.

Les figures 35 et 36 permettent de juger, pour des cas déterminés, des intensités de régime admises pour des diamètres déterminés, ou, inversément, des diamètres à choisir pour des intensités données.

* * *

Nous avons dit que, suivant la nature du métal choisi comme fusible, suivant la durée de l'élévation de l'intensité, suivant les conditions atmosphériques, la fusion d'un fusible pouvait varier notablement ; il est, en conséquence, préférable souvent, non pas de demander à l'appareilleur un fusible pour une intensité de régime de....., mais bien de stipuler à quelle intensité l'on désire que ce fusible fonctionne ; il est alors possible de choisir la marge que l'on veut avoir dans l'emploi de l'appareil.

Toutes ces raisons font qu'il a été nécessaire de codifier, autant que faire se pouvait, tout ce qui se rapporte à cette importante question des fusibles ; et nous donnons connaissance, ci-après, des articles des Normes de l'Association Suisse des Electriciens applicables aux fusibles proprement dits, sans tenir compte des coupe-circuit qui, eux, trouvent place dans un autre volume de l'Encyclopédie.

* * *

Normes pour fusibles pour installations à basse tension (1)

§ 1. — Les présentes prescriptions ne sont pas obligatoires au sens où le sont les prescriptions sur les installations électriques de l'Association; elles complètent ces dernières à titre d'indication et de conseil, et servent de base pour juger de la qualité des appareils. L'Association recommande la construction et l'emploi d'appareils établis selon les normes dans l'intérêt de la sécurité d'exploitation et de l'unification du matériel.

§ 2. — Les prescriptions ne concernent que les coupe-circuit jusqu'à la tension maximum de 1.000 volts. Un certain nombre de prescriptions spéciales, imprimées en caractères *italiques*, s'appliquent aux coupe-circuit dont les fusibles sont enfermés dans des cartouches, pour tensions de 250 et 500 volts.

§ 3. — Seront déclarés conformes aux normes les seuls modèles de coupe-circuit qui auront subi avec succès toutes les épreuves mentionnées dans les présentes normes (épreuve de système). Les Institutions de contrôle de l'A. S. E. seules sont compétentes pour cette déclaration. L'épreuve de système doit être renouvelée tous les deux ans, ainsi qu'à chaque modification du modèle. En outre, la qualité et l'uniformité de fabrication seront contrôlées par des épreuves selon le § 15, faites sur des échantillons pris dans la masse.

(1) Extrait du *Bulletin de l'Association Suisse des Électriciens*, année 1910, fasc. 9.

§ 4. — Les coupe-circuit construits pour fusibles de différentes intensités et de différentes tensions doivent porter, marquées sur leur partie fixe, l'intensité du courant et la tension pour lesquelles ils sont construits. Les jeux de fusibles doivent porter l'indication nette et visible de l'intensité du courant pour laquelle ils sont construits (Prescriptions fédérales, art. 30).

Les cartouches à fusibles enfermés doivent aussi porter l'indication nette et visible de la tension. L'adjonction d'un dispositif indiquant d'une façon nette le fonctionnement du fusible est recommandée.

§ 5. — On appelle « intensité nominale » l'intensité marquée sur la cartouche et qui doit être considérée comme intensité maximum à laquelle le fusible peut être utilisé en permanence.

On nomme « intensité limite » l'intensité qui suffirait juste à provoquer, à la température ambiante d'environ 20° C, la fusion au bout d'un temps infiniment long.

§ 6. — *Les cartouches à fusibles enfermés doivent être construites pour une tension maximum de* 250 *ou de* 500 *volts et seront calibrées pour les intensités nominales suivantes* : 4, 6, 10, 15, 20, 25, 35, 50 et 60 *ampères.*

§ 7. — *Les coupe-circuit avec cartouches à fusibles enfermés jusqu'à* 60 *ampères doivent être construits de façon qu'il soit impossible d'y introduire, par négligence ou par erreur, des fusibles trop forts (P. F. art. 92)* [1].

§ 8. — La construction et la disposition des coupe-circuit doivent être telles que leur fusion n'entraîne aucun court-circuit et que le passage de l'arc sur les parties voisines de bâtiments ou d'installations et la projection de métal fondu soient impossibles (P. F., art. 28).

§ 9. — Lorsque les fusibles des coupe-circuit sont en métal tendre et plastique, ce métal ne doit pas être employé pour établir le contact ; les extrémités des fils ou de la bande fusible doivent être munies de pièces de contact en cuivre ou en tout autre métal dur également approprié (P. F., art. 29).

(1) Prescriptions sur l'établissement et l'entretien des installations électriques à fort courant du 14 février 1908.

§ 10. — La chute de tension de la pièce fusible ainsi que celle du coupe-circuit entier ne doit pas, sous courant nominal, dépasser 1/4 % de la tension nominale.

§ 11. — Les coupe-circuit doivent pouvoir supporter une surcharge permanente d'au moins 25 % du courant nominal.

Pour les coupe-circuit avec cartouches à fusibles enfermés jusqu'à 60 ampères, le rapport du courant nominal au courant limite sera de :

0,5 à 0,65 pour courant nominal jusqu'à 10 ampères ;
0,6 à 0,70 — — de 15 à 25 —
0,65 à 0,75 — — de 35 à 60 —

§ 12. — *Les coupe-circuit avec cartouches à fusibles enfermés pour intensités jusqu'à 60 ampères seront soumis à l'épreuve de surcharge selon le tableau suivant :*

Courant nominal en ampères	Courant d'essai minimum	Courant d'essai maximum
jusqu'à 10	1,5 fois courant nominal	2,10 fois courant nominal
15 à 25	1,4 — — —	1,75 — — —
35 à 65	1,3 — — —	1,60 — — —

Les coupe-circuit doivent supporter le courant d'essai minimum au moins pendant quatre heures de temps ; avec le courant maximum ils doivent fondre dans l'espace de quatre heures.

Etalonnage et essais des fusibles

§ 13. — *Les coupe-circuit avec cartouches à fusibles enfermés pour intensités jusqu'à 60 ampères doivent subir une épreuve du court-circuit selon les prescriptions suivantes* (fig. 38) *:*

1° On utilisera comme source de courant une batterie d'accumulateurs dont la force électromotrice, mesurée comme tension aux bornes à circuit ouvert, dépassera de 10 % la tension maximum marquée sur la cartouche soumise à l'épreuve.

Il est permis de mettre la batterie d'accumulateurs en parallèle avec une génératrice ;

2° Pour l'épreuve de court-circuit, on utilisera le schéma suivant :

La résistance liquide sera de 0,5 ohm pour l'épreuve des cartouches à 250 volts et de 1 ohm pour l'épreuve des cartouches à 500 volts ;

3° Avant de commencer l'essai, on ajustera à circuit ouvert la tension de la batterie à la valeur prescrite, ensuite on fermera le circuit et, au moyen de la résistance de réglage, on portera l'intensité du courant à 500 ampères.

Lorsque la source de courant et la résistance du circuit seront au

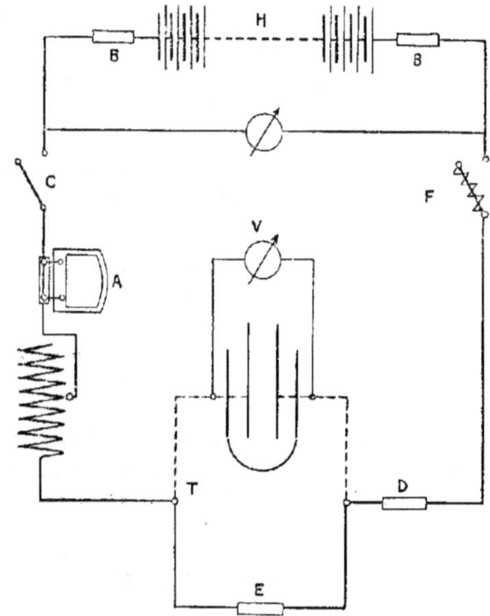

Fig. 38. — *Schéma pour l'étalonnage des fusibles.*

Légende :

H. — Batterie d'accumulateurs.
BB. — Coupe-circuit de batterie.
G. — Voltmètre pour tension d'essai (1,1.e).
C. — Interrupteur.
F. — Disjoncteur à maxima.
V. — Voltmètre (e).
A. — Ampèremètre.
I. — Résistance réglable.
T. — Résistance liquide { 1,0 ohm pour fusibles à 500 volts. / 0,5 ohm pour fusibles à 250 volts.
D. — Coupe-circuit.
E. — Coupe-circuit à essayer.

point, on mettra à la place de la résistance liquide le coupe-circuit dont on voudra faire l'essai.

Celui-ci devra fondre au moment de la fermeture du circuit sans laisser subsister d'arc ni produire une explosion.

§ 14. — *Les coupe-circuit avec cartouches à fusibles enfermés pour intensités jusqu'à 60 ampères doivent également fonctionner normalement avec une intensité croissant lentement à la tension maximum marquée sur les cartouches.*

L'épreuve se fera selon les règles suivantes :

Avec une charge de deux minutes avec un courant égal à une fois et demie le courant nominal on augmentera la charge continuellement à la vitesse d'une demi-fois l'intensité nominale par trois minutes jusqu'au moment de la fusion.

§ 15. — *Les fusibles des cartouches doivent supporter pendant dix secondes un courant d'une intensité égale à au moins 1 3/4 de fois l'intensité nominale ; par contre, ils doivent fondre dans l'intervalle de dix secondes pour une intensité de courant égale à 2 3/4 de fois l'intensité nominale.*

§ 16. — Les coupe-circuit doivent subir et pouvoir tenir pendant cinq minutes (fusibles en place) contre les vis de fixage et contre les parties métalliques accessibles du socle et de la cartouche, une surtension alternative de 1.000 volts en sus de leur tension maximum. Ils subiront également, pendant cinq minutes, la même épreuve entre les parties métalliques à séparer par la fusion (cartouche enlevée).

§ 17. — Lors de la fusion, aucune communication ne doit pouvoir s'établir entre les pièces de polarité différente des coupe-circuit multipolaires.

II. — Fusibles pour coupe-circuit à huile

Tout ce que nous venons de dire concernant les fusibles se rapportait aux dispositifs à l'air libre. Il nous reste maintenant à parler des coupe-circuit à huile qui présentent, sur les précédents, certains avantages dans des cas déterminés.

En effet, il est deux points importants à considérer dans le fonctionnement d'un fusible :

a) Le refroidissement de celui-ci ;

b) L'absence d'arc au moment de la rupture.

Pour le premier cas, refroidissement, il est certain que les fusibles à l'air libre, enfermés qu'ils le sont dans des boîtes protectrices, n'ont pas la possibilité de dissiper très rapidement l'énergie calorifique qu'ils ont parfois à supporter en cas de surcharge ; l'air est un isolant et sa conductibilité calorifique est faible.

Pour le second cas, formation d'arc au moment de la rupture du fusible, on sait que la résistance de l'air à l'étincelle est faible, toutes choses défavorables.

Il était donc indiqué, pour certaines applications difficiles ou délicates, hautes intensités notamment, de rechercher un dispositif assurant une sécurité plus grande à l'exploitant. De là sont nés les coupe-circuit à huile.

Ces appareils satisfont beaucoup mieux que ceux à air libre, aux conditions spécifiées plus haut, car, d'une part le refroidissement du fusible complètement baigné par le liquide est plus régulier et mieux déterminé, et d'autre part, l'arc s'amorce moins facilement dans l'huile que dans l'air.

Rappelons à ce propos les résultats d'essais que nous avons publié dans un autre volume de l'Encyclopédie [1] et qui feront comprendre l'importance et la valeur des coupe-circuit à huile.

Il résulte des expériences sus-indiquées que la tension disruptive moyenne pour des distances ramenées à 1 mm entre pointes (tension d'essai 20.000 — 25.000 volts est de 750 volts pour l'air et de 5.500 — 10.000 volts pour les différentes huiles essayées, les tensions d'environ 10.000 volts correspondant à des huiles pour transformateurs et coupe-circuit à huile.

L'arc ne s'amorcera donc, dans l'huile, qu'à une tension 13 fois plus grande que dans l'air.

* * *

Au point de vue des intensités admissibles dans des fils d'argent de coupe-circuit à huile, la courbe figure 37 permet de se rendre compte que, d'une façon générale, on peut admettre dans l'huile une intensité 1,4 à 1,7 fois plus considérable qu'à l'air libre, suivant les épaisseurs.

Il y a donc gain, au point de vue des tensions admissibles, des intensités qui peuvent être élevées, ainsi que par le fait que les arcs de rupture sont beaucoup mieux amortis, étouffés, qu'à l'air libre, toutes choses favorables aux coupe-circuit à huile.

---

(1) *Les Isolants* par Paul RUDHARDT p. 130 et 142.

CHAPITRE II

Conducteurs

Le cuivre

L'importance du cuivre dans l'industrie électrique est considérable. Tant dans les enroulements (induit et inducteur) des machines que dans les transports de force comme conducteur, le cuivre règne en maître presque absolu ; aussi son étude mérite-t-elle quelque attention.

Par le fait qu'il est très répandu dans la nature et que sa température de fusion n'est pas très élevée, le cuivre a été connu et mis en œuvre dès l'antiquité la plus reculée ; il est, après le fer, le métal le plus employé dans l'industrie.

Le cuivre se rencontre dans la nature à l'état de cuivre métallique ou *natif* ; il existe à l'état de sous-oxyde ou de carbonate, comme au Pérou, au Chili, dans les monts Ourals et à Chessy, près de Lyon. Mais ses minerais les plus abondants sont le sous-sulfure de cuivre Cu^2S et le sulfure double de cuivre et de fer $Cu^2S + Fe^2S^3$ ou *pyrite cuivreuse*, que l'on rencontre en Allemagne, au Mexique, au Chili.

Les minerais qui contiennent le cuivre à l'état d'oxyde ou de carbonate sont d'un traitement très facile : on les réduit en les chauffant avec le charbon.

Quant aux pyrites cuivreuses, elles exigent un traitement plus long dont nous n'indiquerons que les points principaux :

1° Quand on grille la pyrite, une partie du soufre se transforme en anhydride sulfureux qui se dégage, et les portions de métal que le soufre abandonne se transforment elles-mêmes en oxydes.

En Angleterre, le grillage s'effectue sur la sole d'un four à réverbère, dans le foyer duquel brûle un mélange de charbon gras et d'anthracite ; en graduant l'entrée de l'air, on obtient une flamme longue qui passe par-dessus l'autel, chauffe le four et grille le minerai placé sur la sole. Quand le grillage est terminé, on débouche les ouvertures pratiquées dans la sole et fermées pendant l'opération par des bouchons en fonte, puis, à l'aide d'un râble, on retire la masse grillée ;

2° Si l'on vient alors à fondre dans un fourneau à réverbère le produit résultant du grillage que nous venons de décrire, voici ce qui se passe : l'affinité du cuivre pour le soufre étant supérieure à celle du fer, et, d'autre part, celle du fer pour l'oxygène étant supérieure à celle du cuivre, l'oxyde de cuivre qui s'est formé dans le grillage, et qui se trouve en contact à une haute température avec le sulfure de fer du minerai et la silice de la gangue, prend à ce sulfure de fer son soufre, lui cède son oxygène, et de ce double échange résultent du sulfure de cuivre et de l'oxyde de fer ; ce dernier, en même temps que celui qui s'est formé pendant le grillage, forme avec la silice un silicate de fer très fusible, qui se sépare sous forme de scories.

On a ainsi éliminé une partie du fer et obtenu du sulfure de cuivre

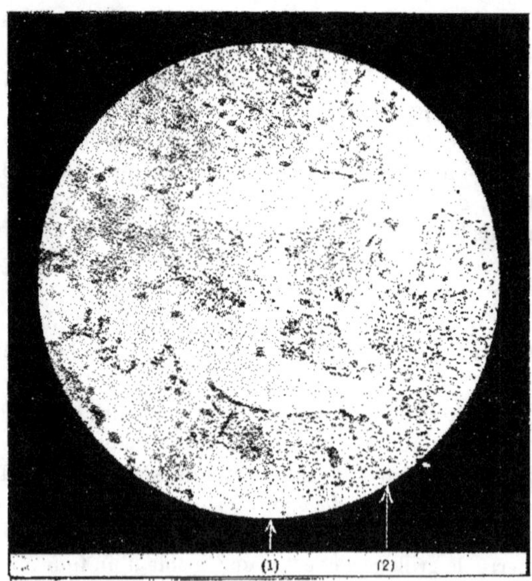

Fig. 39. — On reconnait des cristaux de cuivre pur (1) qui nagent dans une dissolution de protoxyde de cuivre dans le cuivre (avant affinage).

beaucoup plus riche en cuivre et plus pauvre en fer et en soufre. On donne à ce produit le nom de *matte-bronze*. Elle constitue un véritable minerai, plus riche en cuivre que le minerai primitif.

La matte-bronze est de nouveau grillée ; puis on la fond pour

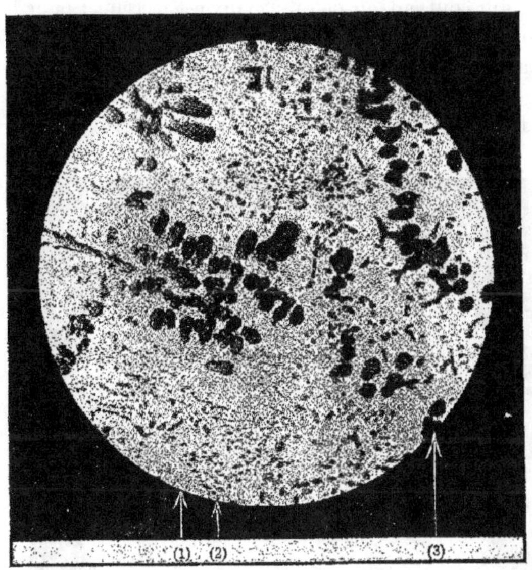

Fig. 40. — On reconnait trois composants : 1° Cuivre pur ; 2° Solution de protoxyde de cuivre dans le cuivre ; 3° Protoxyde de cuivre pur (avant affinage).

enlever encore du fer et isoler de plus en plus le sulfure de cuivre. On obtient ainsi une seconde matte, appelée *matte blanche*, qui est du sous-sulfure de cuivre à peu près exempt de fer et contenant 73 % de cuivre.

Cette matte blanche elle-même, grillée et fondue dans un four à réverbère au contact de minerais oxydés, et exempts de sulfure, donne du cuivre brut. Pendant le grillage, une partie du cuivre s'oxyde, et pendant la fusion l'oxygène de cet oxyde transforme en anhydride sulfureux le soufre du sulfure qui ne s'est pas oxydé, et c'est ce cuivre abandonné, d'une part par l'oxygène, d'autre part par le soufre, qui fournit le cuivre brut.

Enfin, ce cuivre brut est affiné dans un four à réverbère. Sous l'action oxydante de l'air, tous les métaux étrangers s'oxydent, ainsi qu'une portion de cuivre, et forment, avec la silice de la sole du fourneau, une scorie très fusible, riche en sous-oxyde de cuivre ; on enlève la scorie, et l'on obtient du cuivre dit *cuivre rosette*.

Ce cuivre, qui contient un peu d'oxyde, est cassant ; pour le rendre malléable, on le fond avec du charbon, et, avec des branches de bois vert, on brasse la matière fondue. En se décomposant, le bois vert donne des gaz qui font bouillonner la masse et accélèrent son affinage en mettant toutes ses parties au contact du charbon (fig. 39, 40, 41, 42).

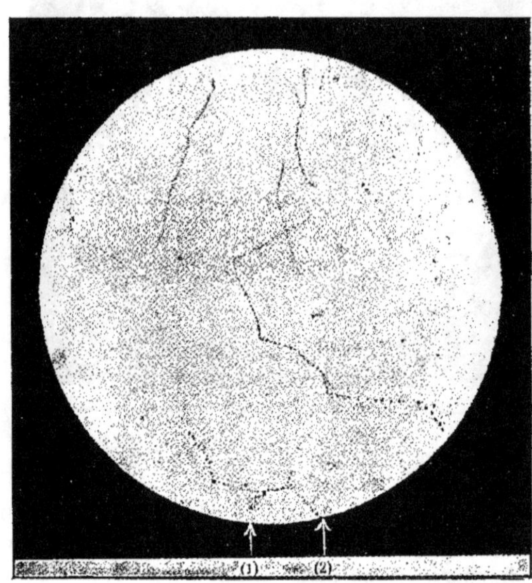

Fig. 41. — Cuivre après affinage.

Il ne reste plus que quelques petits cristaux de protoxyde de cuivre qui entourent des cristaux de cuivre.

Procédé Manhès. — On abrège aujourd'hui le traitement des mattes cuivreuses en employant le procédé Manhès, qui consiste à fondre d'abord les mattes dans un four à cuve, à verser le liquide obtenu dans un appareil analogue au convertisseur Bessemer et à lancer dans la masse un courant d'air.

L'air oxyde le soufre, le fer et les corps qui, comme l'arsenic et l'antimoine, nuisent aux qualités du cuivre. En ajoutant un peu de sable siliceux, on transforme les oxydes en silicates fusibles qui forment une scorie entraînant tout l'oxyde de fer. Vingt à trente minutes suffisent à transformer en cuivre 1.000 kgs de mattes.

Le cuivre ainsi obtenu n'est pas assez pur pour convenir aux exigences de l'industrie électrique, car, ainsi que nous le verrons, des

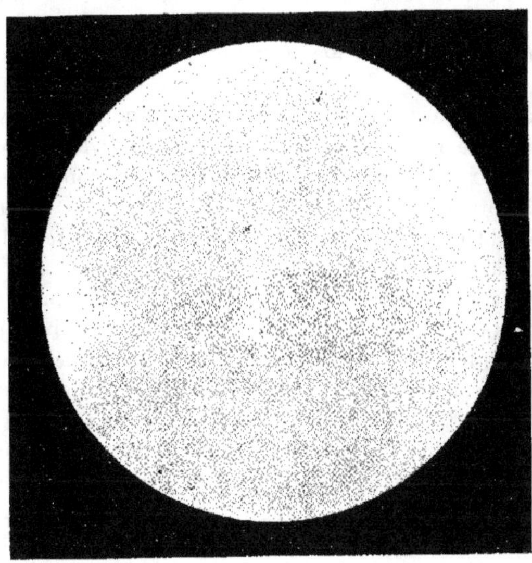

Fig. 42. — Cuivre complètement raffiné sans trace de protoxyde.

quantités, très minimes d'impuretés diminuent notablement la conductibilité du métal (fig. 39, 40, 41, 42). Pour toutes les applications nécessitant un cuivre excessivement pur, on utilise l'affinage par électrolyse que nous décrirons plus loin, mais des recherches ont été faites d'un côté pour obtenir des pièces de cuivre fondu de haute conductibilité, d'autre part pour diminuer les opérations très longues, ainsi que nous venons de le voir, de la métallurgie du cuivre, en utilisant le four électrique.

Nous parlerons de ces deux améliorations.

Cuivre fondu à haute conductibilité électrique

Avec l'extension de la fabrication des machines et appareils électriques, la production en fonderie de cuivre pur à haute conductibilité électrique est devenue un intéressant problème de la technique moderne.

Le principal écueil rencontré jusqu'alors était dans la propriété que possède le cuivre fondu de dissoudre les gaz et d'en laisser une partie se dégager au refroidissement. Il en résulte des piqûres et des soufflures dont la conséquence directe est un abaissement de la conductibilité électrique.

On avait cherché à remédier à cela par l'addition de désoxydants tels que le zinc, le magnésium, le phosphore, mais ces corps, dont l'action devait s'exercer dans l'ensemble de la masse fondue, s'alliaient au métal. La présence d'impuretés, même en petites proportions, diminuant notablement la conductibilité du cuivre, ce remède n'apportait qu'une amélioration insignifiante.

M. E. Weintraub ayant constaté la grande affinité du bore pour l'oxygène, l'azote, etc., à la température de fusion du cuivre, prépara un sous-oxyde de bore en modifiant légèrement le procédé qui consiste à réduire par le magnésium l'anhydride borique. L'addition d'une proportion de 0,10 % du poids du cuivre donna des résultats remarquables. La conductibilité se trouvait relevée à 94 %. Pratiquement, on ajoute de 0, 5 à 1 % de cette substance en poudre au cuivre fondu, car elle contient, outre le sous-oxyde qui est l'agent actif, du borate de magnésium et de l'acide borique qui sont sans action. Cette proportion correspond à peu près à 0,08, 0,10 % de sous-oxyde pur. On peut obtenir couramment des conductibilités de 91 à 95 % avec une garantie de 90 % ; les propriétés mécaniques du cuivre ainsi traité sont les suivantes :

Résistance à la traction	Limite d'élasticité	Allongement en pour cent	Striction
17 kg. par millimètre carré	8 kg. par millimètre carré	48,5 %	74,49 %

Le cuivre fondu peut s'utiliser de deux façons différentes : il peut remplacer le cuivre forgé avec une économie très sensible et il peut être substitué à ses alliages, sa grande conductibilité permettant de réduire les dimensions des pièces et facilitant ainsi une économie de métal.

Électrométallurgie du cuivre

L'électrométallurgie du cuivre n'est pas encore entrée dans la pratique courante ; mais de nombreux et très intéressants essais ont été faits devant diverses commissions, qui tous ont donné des résultats fort satisfaisants.

Lors d'essais, sur de petites quantités, exécutés en Allemagne, le minerai utilisé contenait 8,20 % de cuivre, 54,80 % de silice, 5,97 % de Fe^2O^3,7 % de Al^2O^3, 12, 35 % de CaO, 6, 30 % de MgO, 0,90 % de MnO et 2,85 % de soufre. On remarquera le pourcentage extrêmement élevé de silice. Le reste était de l'acide carbonique chimiquement combiné.

Un premier essai préalable consista en une simple fusion du minerai sans aucune addition, pour établir approximativement l'intensité du courant, la tension et les dimensions du four. Il fut exécuté dans un four avec chauffage par arc.

Le minerai put être fondu facilement et on constata seulement un faible dégagement d'anhydride sulfureux. Bien que la température eut été maintenue très haute, la scorie était encore fort peu fluide, ce qui doit être attribué à la haute teneur en acide.

Un deuxième essai préalable eut pour objet d'obtenir une formation de scories dans de meilleures conditions, en ajoutant des déchets de fer, de battitures, de façon à arriver à un bisilicate. La charge se composait de 12 kgs de minerai et 0,72 kg de déchets de fer ; l'intensité du courant fut de 250 ampères, la tension de 90 volts et la durée de l'essai 1 heure.

Presque tout le cuivre passa dans la matte, la scorie n'en retenant en effet que 0,15 % ; mais la matte n'avait pas une composition uniforme : Au bas d'une couche supérieure correspondant à peu près comme composition à la Cu^2S (2) FeS, elle contenait une couche moyenne riche en fer et une couche inférieure riche en cuivre, ces deux couches contenant d'ailleurs beaucoup moins de soufre que la couche supérieure.

Dans cette opération, les pertes par volatilisation sont très faibles ;

on n'observe pas ces dégagements gazeux considérables qui se forment dans les fours à réverbère et dans les fours à cuve et proviennent des combustibles.

Par contre la consommation de force fut assez considérable, mais on sait que dans les petits fours électriques de laboratoire, les pertes calorifiques sont toujours très fortes. Les 12 kilogrammes de minerai correspondent ici à 1 kilogramme de cuivre que l'on trouve dans une matte contenant 60 à 70 % de cuivre et cette opération nécessite 31,5 kilowatts-heure. Pour une tonne de cuivre, il faudrait donc 31.500 kilowatts-heure, soit 3,6 kilowatts-an = 4,9 chevaux-an électriques.

Toutefois, dans des essais précédents de Vattier aux usines Héroult à la Praz, aux usines de Keller-Leleux et Cie à Kerousse et aux usines de Livet, près Grenoble, sur 25 tonnes de minerai à 7 % de cuivre, on eut une consommation de 13.566 kilowatts-heure pour obtenir une matte à 50 % de cuivre environ. Il fallait donc ici, pour une tonne de cuivre en matte 7.752 kilowatts = 0,885 kilowatts-an = 1,2 cheval-an électrique. On a donc une réduction de consommation de la force motrice de 4,9 à 1,2, soit près du quart, quand le four électrique passe de 32 à 500-600 kilowatts.

Il apparaît clairement qu'on n'a pas besoin d'une consommation de force plus grande quand on veut transformer le sulfure de cuivre en métal d'après l'équation de grillage bien connue :

$$Cu^2S + 2CuO = 2Cu + SO^2,$$

quand on dispose d'un oxyde de cuivre assez riche. Si l'on n'a pas de minerai oxydé à sa disposition, on peut employer du minerai sulfuré grillé ou mieux peut-être de la matte de cuivre grillée. En fondant le minerai brut avec de la matte grillée, la consommation d'énergie au four électrique a été (rapportée à une tonne de cuivre) : 1,7 cheval-an électrique, soit un total par tonne de cuivre de 6,3 chevaux-an électrique. En opérant sur une grande échelle, on peut compter avec certitude sur une réduction au quart, ce qui donne pour la consommation d'énergie par tonne de cuivre, 1,15 kilowatt-an ou 1,6 cheval-an électrique, en supposant qu'on travaille avec un minerai à 8 %.

Le processus métallurgique serait donc le suivant :

1° Transformation du minerai en matte par fusion électrique ;

2° Grillage à fond de la matte ;

3° Fusion électrique du résidu de ce grillage avec du minerai (en quantité à peu près égale), tel qu'il a été travaillé sous 1° ;

4° Raffinage du cuivre brut.

On voit immédiatement que cette méthode de travail constitue une simplification importante du traitement métallurgique tel qu'il est employé actuellement. Il serait prématuré d'établir à l'avance un calcul du prix de revient, mais les avantages de la méthode de fusion électrique sont incontestables. Il faut encore noter qu'au four électrique on peut fondre le minerai même sans briquetage préalable et que, si l'on a seulement à sa disposition des minerais sulfurés, il suffit de soumettre au grillage la moitié du minerai à fondre. D'autre part, on n'a pas à compter avec les quantités considérables de gaz combustibles provenant du combustible dans les fours à cuve ou les fours à réverbère ; les pertes de métal par volatilisation sont extrêmement réduites et les scories sont d'une pureté exceptionnelle. Après ces essais préalables, lorsqu'on eut fixé la méthode de travail qu'il convenait d'appliquer, on a pu obtenir des scories contenant seulement 0,1 à 0,15 % de cuivre.

Nous pensons bien faire en donnant quelques détails sur les expériences de Livet, qui furent exécutées sur une échelle vraiment industrielle et devant une commission d'électrométallurgistes de différents pays.

Le minerai de cuivre (7 %) provenait du Chili (El Volcan). Le four imaginé par M. Keller se composait d'un creuset de 1m80 de longueur, 0m90 de largeur et 0m90 de hauteur, dans lequel on introduisait deux électrodes de section carrée de 0m30. C'est dans ce creuset que se produisait la fusion de la charge qui tombait ensuite dans un avant-creuset de 1m20 × 0m60 × 0m60 chauffé par deux électrodes de 0m25 de côté et où s'effectuait la séparation de la matte et de la scorie.

On put fondre ainsi 8.000 kilogrammes en huit heures avec une puissance de 500 kilowatts en courant alternatif ayant les caractéristiques suivantes :

$$I = 4.750 \text{ ampères} ; \cos \varphi = 0{,}9 \text{ et } E = 119 \text{ volts.}$$

La dépense d'électrodes fut de 6 à 7 kilogrammes par tonne de minerai fondu. (Elles étaient de mauvaise qualité, car, avec de bonnes électrodes, la consommation peut être notablement abaissée). La marche fut absolument normale durant toute l'opération.

Affinage électrolytique du cuivre

L'affinage électrolytique du cuivre est l'une des opérations les plus simples de la métallurgie, mais elle nécessite néanmoins une attention constante.

Plutôt que rappeler les notions générales relatives à ce procédé d'affinage, nous croyons qu'il sera bien préférable de le traiter en donnant une description succincte d'une grande usine, et nous décrirons celle du *Great Cobart Syndicate*, à Lithgow, dans la Nouvelle-Galles du Sud, pour le traitement du cuivre auro-argentifère.

Dans cette usine, la puissance est fournie par six machines tandem de 100 chevaux chacune, entraînant autant de dynamos shunt, 60 volts, 1200 ampères à 350 tours, et une dynamo de 25 volts, 600 ampères à 450 tours. Les six grandes dynamos déposent le cuivre sur des anodes de cuivre, la petite emploie des anodes de plomb et prend le cuivre en excès de l'électrolyte. Trois des grandes dynamos sont connectées chacune à 96 cuves et les trois autres à 128 cuves chacune. Toutes les dynamos pourraient traiter 144 cuves chacune.

Chaque cuve contient neuf anodes, ayant la largeur de la cuve, et neuf cathodes constituées chacune par deux plaques. Les cuves sont en bois paraffiné, doublées de plomb. La liqueur passe d'une cuve à l'autre par déversoir, la différence de niveau d'une cuve à l'autre étant de 7 centimètres.

L'une des principales conditions d'un bon affinage est un haut isolement de l'ensemble de l'installation et des différentes parties l'une par rapport à l'autre. Les cuves sont placées sur des traverses en bois paraffiné qui reposent elles-mêmes sur des isolateurs en verre.

L'électrolyte s'écoule dans huit cuves successives placées en une rangée, puis il est repris dans une conduite qui le mène à une cuve de dépôt puis à des filtres à sable ; une fois filtré, il retourne aux cuves. Les filtres retiennent de la chaux contenant une petite quantité d'or et d'argent.

L'ensemble de l'installation doit être maintenu très propre.

La température exacte à conserver est un des points les plus délicats. La meilleure température semble être aux environs de 50° C, le bain étant acide. Dans ces conditions, le dépôt est régulier, on évite les courts-circuits, et la chaux contenant les impuretés n'entraîne que peu de cuivre. On obtient de bons résultats en injectant un peu d'air comprimé à la base de chaque cuve, ainsi qu'on le fait à Lithgow, l'air étant à la faible pression de 0^{k}35 par centimètre carré.

Quand on n'emploie pas ce système d'agitation de l'électrolyte le liquide a une tension marquée à se séparer en deux couches : la couche inférieure, contenant beaucoup de sulfate de cuivre, et la couche supérieure, contenant beaucoup d'acide et peu de sulfate ; l'effet de cet état de choses est que le sulfate peut cristalliser à la partie inférieure, la partie supérieure de la cathode étant attaquée par l'acide ; les anodes peuvent même être coupées en deux.

La composition de l'électrolyte a également une grande influence sur le résultat. A Lithgow, la composition est approximativement la suivante :

Acide sulfurique (SO^4H^2), 12 % ; sulfate de cuivre bleu hydraté ($SO^4Cu + 5H^2O$), 14 %. Poids spécifique 1,18.

Une trop faible teneur en acide augmente la résistance de l'électrolyte et le dépôt de cuivre sur la cathode, au lieu d'être métallique, est un mélange de cuivre métallique et d'oxyde cuivreux, pendant qu'une quantité importante d'oxyde de cuivre précipite ; les boues argentifères et aurifères de l'électrolyte peuvent alors contenir jusqu'à 80 % de cuivre, et la cathode devient fragile à cause de la présence d'oxyde de cuivre, sa couleur devient brun foncé. Cette action est surtout caractérisée quand la teneur en acide tombe au-dessous de 3,5 %.

La marche générale de l'usine de Lithgow est la suivante :

Le cuivre brut est d'abord raffiné au four à réverbère, de façon à porter sa teneur en cuivre à 99,4 — 99,6 % ; il est ensuite fondu en anodes de forme appropriée à la disposition des cuves, et pesant environ 90 kilogrammes. Les cathodes, au nombre de neuf dans chaque cuve, ont chacune une surface de 0^{m2}9. La machine est mise en marche à faible vitesse, sur un circuit de 60 cuves et l'on augmente peu à peu la vitesse en même temps qu'on ajoute des cuves dans le circuit.

Chaque cathode est retirée du bain, au moins une fois tous les quatorze jours et examinée, toute excroissance étant enlevée afin d'éviter la formation des courts-circuits. Chaque cuve est d'ailleurs examinée journellement à l'aide d'un voltmètre analogue à ceux qui servent à l'examen journalier des batteries d'accumulateurs. En trois semaines environ, les anodes sont complètement dissoutes. Quand l'attaque commence, les impuretés qui sont principalement de l'or, de l'argent et du sélénium, deviennent visibles sur la surface de l'anode en taches grisâtres. Le fer se dissout. Les impuretés forment une boue qui peut rester en partie à la surface des anodes et augmenter la résistance au passage du courant.

Les boues sont extraites des cuves à intervalles réguliers, desséchées et traitées au réverbère ; elles sont ensuite remises au traitement électrolytique. Un essai des boues à Lithgow a donné les teneurs suivantes : 46,842 % de cuivre, 1,45 % d'or, 15,725 % d'argent.

On peut traiter les boues par le procédé Donald Clark. Dans ce procédé, le cuivre est d'abord dissous par l'acide sulfurique et le résidu contenant l'or, l'argent et du sélénium, est traité par un peu d'acide sulfurique et par son poids d'hyposulfite de soude ($S^2O^7Na^2$) et chauffé jusqu'à ce que la masse s'agglomère. Le sélénium est alors séparé. Le résidu est additionné de 2 à 3 fois son poids de chaux et est fondu. L'or se dépose au fond du creuset, l'argent passe sous la forme de sulfate et vient à la surface ; on le dissout ensuite.

Un autre procédé de traitement des boues consiste à y mélanger 8 % de nitrate de potasse et à ajouter de l'acide sulfurique en quantité suffisante pour dissoudre le cuivre. On laisse en contact huit heures, on enlève le cuivre ensuite et l'argent est alors précipité par l'addition de boues brutes.

En Europe, il existe aujourd'hui plusieurs centres importants d'affinage du cuivre par électrolyse : citons, en Allemagne, les usines de Hambourg, Oker, Aix-la-Chapelle, Cologne et Mansfeld ; en Angleterre, celles de Birmingham et de Swansea ; en France, celle de Biache-Saint-Waast (Pas-de-Calais), de Dives(Calvados), de Pont-de-Chéruy (Isère), d'Eguilles (Bouches-du-Rhône).

Rappelons qu'un courant de 1.000 ampères dépose 1.180 grammes de cuivre en une heure.

Propriétés du cuivre

Propriétés physiques. — Le cuivre est rouge, cas unique parmi les métaux, réduit en feuilles très minces, il laisse passer une lumière verte complémentaire du rouge ; il est très malléable et peut être mis en lames très minces. Il est ductile, et sa ductilité est comprise entre celle du nickel et celle du zinc. Un fil de cuivre de 1 millimètre de diamètre, à 0° C, exige pour se rompre une charge de 25^{k}2 ; à 100°, de 21^{k}9, et à 200°, de 19 kilogrammes (Baudrimont).

La densité du cuivre varie entre 8,91 et 8,95, mais la qualité qui le fait surtout rechercher dans l'industrie électrique est sa haute conductibilité, qui ne le cède, et de fort peu, qu'à l'argent. En effet, la conductibilité du cuivre parfaitement pur est égale à 96,4, celle de l'argent étant égale à 100.

Propriétés chimiques. — Le cuivre ne s'oxyde pas à l'air sec à la température ordinaire, mais à l'air humide, et en présence du gaz carbonique, il se recouvre rapidement d'une couche verdâtre d'hydro-carbonate (*vert-de-gris*). Chauffé à l'air au rouge sombre, le cuivre noircit en se recouvrant d'*oxyde cuivrique*.

L'acide sulfurique n'attaque le cuivre que lorsqu'il est concentré et bouillant ; l'acide azotique le dissout à froid ; quant à l'acide chlorhydrique, il n'agit qu'à chaud et additionné de quelques gouttes d'acide nitrique.

Les alcalis déterminent rapidement l'oxydation du cuivre : de la tournure de cuivre, agitée à l'air avec de l'ammoniaque, s'oxyde et se dissout en formant une liqueur bleue ; les matières organiques, huiles, graisses, etc., produisent une oxydation analogue et cela a une grande importance au sujet des isolements.

Le cuivre dans ses différentes applications électriques

Le cuivre a reçu de multiples applications dans l'industrie électrique, et, suivant l'usage auquel on le destine, on exigera certaines qualités déterminées qui n'auraient pas la même importance dans d'autres applications, parfois même pourraient être défavorables.

Sans compter les nombreuses formes du dépôt galvanique du cuivre, notamment pour rendre plus conductrices certaines substances (charbons pour balais, etc.), le cuivre peut être utilisé, sous forme de fils, dans l'enroulement des machines électriques (induit et inducteurs), transformateurs, appareils électriques divers, etc., ainsi que comme conducteurs du courant, du point de production au point d'utilisation ; il est, dans les machines électriques, utilisé encore sous forme de lames dans la construction des collecteurs ; enfin, tant en fils qu'en barres, le cuivre est également utilisé pour toutes les connexions, spécialement dans les tableaux de distribution.

Ainsi que nous l'avons dit, chaque application nécessite des qualités spéciales : dans l'enroulement des machines, la haute conductibilité primera les qualités de résistance mécanique ; dans le cas des conducteurs nus pour l'extérieur, on est obligé d'avoir un métal possédant une certaine résistance à la traction, et, lors de l'emploi dans les collecteurs, on exige une certaine dureté, le cuivre mou permettant une usure rapide des lamelles collectrices.

Conducteurs isolés pour l'enroulement des machines et appareils électriques

Dans la plupart des ouvrages d'électricité, on définit la qualité électrique d'un cuivre par sa résistivité à une température donnée, exprimée en michroms-centimètre, toutefois, contrairement à ce mode logique, beaucoup de fabricants font connaître les conductibilités rapportées au *cuivre pur de Matthiessen.* Ce cuivre étalon est représenté par un fil de cuivre de 100 pouces de longueur, pesant 100 grains, et ayant une résistance de 0,1516 ohm B. A. à la température de 60° Fahrenheit (15,5° C) avec un coefficient de température de 0,00388.

Ramené à un conducteur de 1 mètre de longueur et pesant 1 gramme, ce même fil a une résistance de 0,145 ohms B. A., à 0° C. Enfin, le kilomètre de fil de cuivre de Matthiessen de 1 millimètre de diamètre a une résistance de 20,57 ohms B. A. (British Association) qui, ramenés en ohms internationaux, donnent 20,290 ohms internationaux à 0° C. La résistance correspondante est de 1,593 microhms-centimètre à 0° C.

Au sujet de ce cuivre étalon de *Matthiessen*, il y a lieu de remarquer que des expériences plus modernes (notamment celles de *J. Dewar* et *J. A. Fleming*), ont sensiblement modifié la résistance indiquée par Matthiessen, les derniers expérimentateurs ayant eu, grâce aux progrès de la technique, des cuivres plus purs à leur disposition que ceux dont s'était servi Matthiessen pour ses recherches.

Les chiffres de *Dewar* et *Fleming*, relatifs à un cuivre électrolytique Swan, sont :

Résistivité à 0° C, en microhms-centimètre = 1,561, ce qui, relativement à l'étalon de Matthiessen donnerait une conductibilité de 102,05, celle de l'étalon étant 100.

Coefficient moyen de température à 20° C = 0,00428.

Résistance d'un fil de 1 millimètre carré de section et de 1 kilomètre de longueur à 0° C = 20,00 ohms.

Densité en grammes par centimètre cube = 8,91.

Résistance des fils de cuivre pur recuit, en ohms à 0°C

Tableau dressé par la " National Electric Light Association " et approuvé au meeting de Boston (9 août 1887).

Diamètre en millimètres	Section en millimètres carrés	Poids en grammes par mètre	Longueur en mètres par kilog.	Résistance en ohms par kilomètre	Longueur en kilomètres par ohm	Résistance en ohms par kilogrammes
0,1	0,0079	0,0699	14306,0	2034,2	0,00049	29100
0,2	0,0314	0,2796	3576,5	508,23	0,00197	1817
0,3	0,0707	0,6291	1589,6	226,02	0,00442	359,28
0,4	0,1257	1,1184	894,13	127,14	0,00787	113,68
0,5	0,1963	1,7475	572,24	81,367	0,01229	46,56
0,6	0,2827	2,5164	397,39	56,504	0,01770	22,45
0,7	0,3848	3,4251	291,96	41,514	0,02409	12,12
0,8	0,5027	4,4736	223,53	31,784	0,03146	7,11
0,9	0,6362	5,6619	176,62	25,113	0,03982	4,43
1,0	0,7854	6,990	143,06	20,342	0,04916	2,91
1,1	0,9503	8,458	118,23	16,811	0,05551	1,98
1,2	1,1310	10,066	99,348	14,126	0,07079	1,40
1,3	1,3273	11,813	84,651	12,036	0,08308	1,02
1,4	1,5394	13,700	72.990	10,378	0,09635	0,757
1,5	1,7671	15,728	63,582	9,0407	0,11061	0,574
1,6	2,0106	17,895	55,883	7,9460	0,12585	0,445
1,7	2,2698	20,201	49,502	7,0386	0,14207	0,348
1,8	2,5447	22,648	44,155	6,2783	0,15928	0,277
1,9	2,8353	25,234	39,629	5,6348	0,17747	0,223
2,0	3,1416	27,960	35,765	5,0854	0,19664	0,1817
2,1	3,4636	30,826	32,440	4,6126	0,21680	0,1500
2,2	3,8013	33,832	29,558	4,2028	0,23794	0,1240
2,3	4,1548	36,977	27,044	3,8453	0,26006	0,1040
2,4	4,5239	40,263	24,837	3,5315	0,28316	0,0875
2,5	4,9087	43,688	22,890	3,2547	0,30725	0,0745
2,6	5,3093	47,253	21,163	3,0091	0,33232	0,0635
2,7	5,7256	50,957	19,624	2,7904	0,35838	0,0547
2,8	6,1575	54,802	18,248	2,5946	0,38542	0,0472
2,9	6,6052	58,786	17,011	2,4188	0,41344	0,0411
3,0	7,0686	62,910	15,896	2,2550	0,44346	0,0359
3,1	7,5477	67,174	14,887	2,1167	0,47243	0,0315
3,2	8,0425	71,578	13,971	1,9865	0,50340	0,0278
3,3	8,5530	76,122	13,137	1,8679	0,53530	0,0244
3,4	9,0792	80,805	12,375	1,7597	0,56829	0,0216
3.5	9,6211	85,628	11,678	1,6605	0,60221	0,0193

Résistance des fils de cuivre pur recuit, en ohms à 0°C *(suite.)*

Tableau dressé par la " National Electric Light Association " et approuvé au meeting de Boston (9 août 1887).

Diamètre en millimètres	Section en millimètres carrés	Poids en grammes par mètre	Longueur en mètres par kilog.	Résistance en ohms par kilomètre	Longueur en kilomètres par ohm	Résistance en ohms par kilogrammes
3,6	10,1788	90,591	11,039	1,5696	0,63712	0,0172
3,7	10,7521	95,694	10,451	1,4859	0,67300	0,0154
3,8	11,3412	100,94	9,907	1,4087	0,70787	0,0139
3,9	11,9459	106,32	9,406	1,3374	0,74773	0,0125
4,0	12,5664	111,84	8,941	1,2714	0,78656	0,0114
4,1	13,2025	117,50	8,510	1,2101	0,82638	0,0103
4,2	13,8544	123,30	8,110	1,1532	0,86712	0,00933
4,3	14,5220	129,24	7,737	1,1001	0,90897	0,00851
4,4	15,2053	135,33	7,390	1,0507	0,95174	0,00776
4,5	15,9043	141,55	7,065	1,0045	0,99549	0,00710
4,6	16,6190	147,91	6,761	0,96133	1,0402	0,00650
4,7	17,3494	154,41	6,476	0,92085	1,0859	0,00596
4,8	18,0956	161,05	6,209	0,88289	1,1327	0,00548
4,9	18,8574	167,83	5,958	0,84722	1,1803	0,00505
5,0	19,6350	174,75	5,722	0,81367	1,2290	0,00465
5,1	20,4282	181,81	5,500	0,78207	1,2787	0,00430
5,2	21,2372	189,01	5,291	0,75055	1,3324	0,00397
5,3	22,0618	196,35	5,093	0,72416	1,3809	0,00369
5,4	22,9022	203,83	4,917	0,69759	1,4335	0,00343
5,5	23,7583	211,45	4,729	0,67247	1,4871	0,00308
5,6	24,6301	219,21	4,562	0,64865	1,5417	0,00296
5,7	25,5176	227,11	4,403	0,62609	1,5972	0,00276
5,8	26,4208	235,14	4,253	0,60489	1,6537	0,00257
5,9	27,3397	243,32	4,110	0,58436	1,7113	0,00240
6,0	28,2743	251,64	3,974	0,56505	1,7697	0,00224
6,1	29,2247	260,10	3,845	0,54607	1,8292	0,00210
6,2	30,1907	268,70	3,722	0,52918	1,8897	0,00197
6,3	31,1725	277,43	3,605	0,51251	1,9512	0,00184
6,4	32,1699	286,31	3,493	0,49662	2,0136	0,00175
6,5	33,1831	295,33	3,386	0,48146	2,0770	0,00163
6,6	34,2120	304,49	3,284	0,46697	2,1414	0,00153
6,7	35,2565	313,78	3,187	0,45314	2,2068	0,00144
6,8	36,3168	323,22	3,087	0,43992	2,2732	0,00136
6,9	37,3930	332,80	3,005	0,42726	2,3405	0,00128
7,0	38,4845	342,50	2,920	0,41514	2,4088	0,00121

Résistance des fils de cuivre pur recuit, en ohms à 0°C *(suite.)*

Tableau dressé par la " National Electric Light Association " et approuvé au meeting de Boston (9 août 1887).

Diamètre en millimètres	Section en millimètres carrés	Poids en grammes par mètre	Longueur en mètres par kilog.	Résistance en ohms par kilomètre	Longueur en kilomètres par ohm	Résistance en ohms par kilogrammes
7,1	39,5928	352,37	2,838	0,40352	2,4782	0,00115
7,2	40,7150	362,36	2,760	0,39239	2,5485	0,00108
7,3	41,8539	372,50	2,685	0,38172	2,6197	0,00103
7,4	43,0085	382,78	2,613	0,37138	2,6926	0,000969
7,5	44,1786	393,19	2,545	0,36163	2,7653	0,000914
7,6	45,3646	403,74	2,477	0,35218	2,8395	0,000873
7,7	46,5663	414,44	2,413	0,34309	2,9147	0,000827
7,8	47,7836	425,27	2,351	0,33435	2,9909	0,000785
7,9	49,167	436,25	2,292	0,32594	3,0681	0,000747
8,0	50,2655	447,36	2,235	0,31784	3,1463	0,000711
8,1	51,5300	458,62	2,181	0,31004	3,2254	0,000676
8,2	52,8102	470,01	2,128	0,30252	3,3055	0,000645
8,3	54,1061	481,54	2,077	0,29528	3,3866	0,000614
8,4	55,4177	493,22	2,028	0,28829	3,4687	0,000585
8,5	56,7450	505,03	1,980	0,28155	3,5518	0,000558
8,6	58,0881	516,98	1,934	0,27504	3,6359	0,000531
8,7	59,4468	529,08	1,890	0,26875	3,7209	0,000508
8,8	60,8212	541,31	1,847	0,26268	3,8070	0,000487
8,9	62,2114	553,68	1,806	0,25681	3,8940	0,000462
9,0	63,6173	566,19	1,766	0,25113	3,9820	0,000443
9,1	65,0388	578,85	1,728	0,24564	4,0710	0,000426
9,2	66,4761	591,64	1,690	0,24033	4,1609	0,000406
9,3	67,9291	604,57	1,654	0,23519	4,2519	0,000397
9,4	69,3978	617,64	1,619	0,23021	4,3438	0,000373
9,5	70,8822	630,85	1,585	0,22539	4,4367	0,000357
9,6	72,3823	644,20	1,552	0,22072	4,5306	0,000341
9,7	73,8981	657,69	1,521	0,21620	4,6255	0,000329
9,8	75,4297	671,32	1,490	0,21180	4,7213	0,000316
9,9	76,9769	685,09	1,460	0,20755	4,8182	0,000304
10,0	78,5398	699,00	1,431	0,20342	4,9150	0,000291

Influence de la température sur la résistance du cuivre

Les chiffres indiqués dans le tableau pages 34-36 et concernant les résistances sont relatifs à ceux du métal à 0° C ; tout changement de température modifie la résistivité et cela d'une façon très appréciable puisque, pour le cuivre, une augmentation d'environ 120 — 130° augmente la résistance de 50 % à peu près.

D'une façon générale, la résistance des métaux augmente avec la température, d'après la formule empirique suivante :

$$R = r_0 (1 + a\theta + b\theta^2),$$

où :

R est la résistance à la température θ;
r_0 la résistance à 0° C;
θ la température en degrés C.

a et b des coefficients numériques dont voici quelques valeurs :

	a	b	
Métaux très purs	+ 0,003824	+ 0,00000126	*Matthiessen*
Mercure	+ 0,0007881	+ 0,00000101	

Au sujet de ce coefficient a, nous avons vu que *Dewar* et *Fleming* admettent + 0,00428 au lieu de + 0,003824 indiqués par Matthiessen. Dans la pratique courante, on prend généralement + 0,004. Quant au coefficient b, quoique la température intervienne au carré, son influence n'est pas très importante et, dans les calculs industriels rapides, on ne tient compte que du coefficient a.

Un exemple illustrera bien cette influence de la température. Admettons un fil de cuivre de 1 millimètre de diamètre dont la résistance au kilomètre est 20,342 Ω à 0° C, et prenons une augmentation de température de 125° C, en choisissant le coefficient $a = 0{,}004$ et le coefficient $b = + 0{,}00000126$.

La formule $R = r_0 (1 - a\theta)$ (en n'utilisant que a) donne : $R = 20{,}342 (1 + 0{,}004 \times 125) = 20{,}342 (1 + 0{,}5) = R = 30{,}513$ Ω soit 50 % d'augmentation de résistance.

Si nous avions fait intervenir b, nous aurions en $R = r_0 (1 + a\theta + b\theta^2) = R = 20{,}342 (1 + 0{,}004 \times 125 + 0{,}0000126 \times 15625) = 20{,}342 (1 + 0{,}5 + 0{,}0196875) = R = 30{,}9137$ au lieu de 30,513, soit une différence de 0,4 Ω sur 30,9 = 1,3 %.

Les valeurs indiquées ne sont valables que dans certaines limites de température ; aux températures élevées, les changements d'état modifient dans de grandes proportions la résistivité et le coefficient de température, nous en avons vu un exemple remarquable dans le chapitre des résistances métalliques (résistances en fer pour le réglage de l'intensité lumineuse).

Rappelons enfin qu'ils ne concernent que des *métaux purs*, les alliages pouvant avoir des coefficients de température très différents et certains mêmes (alliages de nickel) ont un coefficient sensiblement nul, d'autres enfin ont un coefficient négatif (comme le charbon), c'est-à-dire que la résistance de ces substances *diminue* lorsque la température augmente.

Au-dessous de zéro, tout au moins de 0° à 100° C, la résistivité du cuivre peut être exprimée sensiblement de même façon qu'au-dessus de zéro par la formule $R = r_0 \ (1 + a\theta)$ dans laquelle a, suivant les auteurs, varie de 0,00423 (Cailletet et Bouty) à 0,00410 (Dewar et Fleming).

Pour tous les métaux, la résistivité tend vers zéro lorsque la température tend vers — 273° C.

* * *

Il est certain que tout ce que nous venons de dire relativement à la *résistance* du cuivre s'applique à la résistance des conducteurs sous courant continu :

$$R_c = \rho \frac{4l}{\pi d^2}.$$

Rappelons pour mémoire qu'il n'en est pas de même en courant alternatif, avec lequel le conducteur plein présente au passage du courant une *résistance apparente* plus considérable, désignée sous le nom d'*impédance*, et dépendant de la fréquence du courant.

On formule l'impédance, lorsque la capacité est nulle par le radical

$$\sqrt{R^2 + \omega^2 L^2},$$

dans lequel :

R = la résistance ohmique ;
ω = la pulsation $\frac{2\pi}{T}$, T étant la durée de la période ;
L = le coefficient de self induction exprimé en henrys.

L'examen de la formule permet de se rendre compte que la résistance apparente d'un circuit augmente lorsque la fréquence augmente.

Conducteurs nus

Les conditions des conducteurs nus employés pour les transports de force électriques sont forcément différentes et les exigences plus rigoureuses que lorsqu'il s'agit de conducteurs isolés pour l'enroulement des machines et appareils.

Les fils extérieurs étant soumis à des efforts parfois considérables, vent, neige, etc., ainsi qu'à l'action des agents atmosphériques, il a été nécessaire d'édicter des *prescriptions* et nous donnerons celles de l'*Association suisse des Electriciens* concernant les *Normes pour les conducteurs.*

I. — Normes pour le cuivre des conducteurs.

ARTICLE PREMIER. — *Conductibilité électrique du cuivre.* — La résistance électrique du cuivre employé tant pour les fils nus que pour les fils isolés ne doit pas excéder, 17,5 ohms par kilomètre de longueur et millimètre carré de section, à 15° C.

La résistance R_t mesurée à la température de t° C est ramenée à la résistance R_x à x° C au moyen de la formule :

$$R_x = R_t [1 \times 0{,}004 (x - t)].$$

La section du conducteur soumis à l'essai de conductibilité sera déduite du poids et de la longueur d'un fragment du fil, soigneusement dressé. A défaut d'une détermination du poids spécifique, on admettra pour ce dernier la valeur 8,91.

ART. 2. — *Section effective des conducteurs.* - La section effective des fils ne diffère pas de plus de 5 % de leur section marchande.

Cette section sera, en principe, déterminée par la mesure de la résistance et l'on désignera comme section effective celle qui correspond à une conductibilité de 60, soit à une résistivité de 0,01667 ohms à 15° C.

Pour les conducteurs à brins et à fils multiples, la longueur prise comme base sera celle du conducteur terminé, donc sans majoration pour allongement provenant de la torsion.

ART. 3. — *Résistance des fils conducteurs à la traction et à la torsion.*

Les fils de cuivre sont classés, au point de vue de leurs propriétés mécaniques (résistances à la traction et à la torsion) dans les catégories suivantes :

Fils mous, applicables aux conducteurs isolés pour installations intérieures, machines et appareils.

Fils mi-durs, applicables aux lignes aériennes ordinaires.

Fils durs, applicables aux lignes de contact des chemins de fer électriques.

Le coefficient de torsion est donné par la formule :

$$S = \frac{\pi d n_1}{l_1} + \frac{\pi d n_2}{l_2}$$

où

l_1 = la première longueur soumise à l'essai de torsion (20 centimètres) ;
n_1 = le nombre de tours obtenus avec cette longueur jusqu'à rupture ;
n_2 et l_2 = les désignations correspondantes dans le cas éventuel d'un deuxième essai ;
d = diamètre du fil en centimètres.

Si la rupture se produit au premier essai en un autre point que ceux d'attache, le coefficient est donné par la formule :

$$S = \frac{\pi d n_1}{l_1}$$

Le tableau ci-dessous donne les valeurs *minima* de la résistance de rupture à la traction et du coefficient de torsion.

	Résistance à la rupture	Coefficient de torsion
Fils mous :		
Minimum	22 kg. par mm²	3,0
Maximum	25 —	
Fils mi-durs :		
De 3 mm. de diamètre au moins	32 —	2,5
— 4 — — —	30,5 —	2,5
— 5 — — —	29 —	2,5
— 6 — — —	28 —	2,5
— 7 — — —	27,5 —	2
— 8 — —	27 —	2
Fils durs :		
Jusqu'à 65 mm² au moins...........	35 —	1
Au delà de 65 mm² au moins.........	32 —	1

Pour ce qui est des résistances mécaniques pour les conducteurs utilisés dans la traction, voici les *prescriptions fédérales sur l'établissement des conduites électriques des chemins de fer électriques* :

* * *

B. — Construction des lignes.

I. Lignes aériennes

Art. 2. — *Fils.* — La flèche et la tension des fils pour les lignes aériennes seront choisies de telle sorte qu'à la température de moins de 20° C, on ait encore au minimum une sécurité de 5 à la rupture en tenant compte du poids propre des fils et de la pression du vent.

On ne devra pas employer de fils en cuivre d'un diamètre inférieur à 3 millimètres. Pour les fils d'autres métaux, le diamètre minimum devra être tel qu'on obtienne la même résistance absolue de rupture.

Dans les calculs statiques, on admettra une pression du vent égale à 100 kilogrammes par mètre carré de surface frappée normalement. Pour les corps cylindriques, tels que les poteaux et les fils, on ne comptera que les 7/10 de la pression normale du vent.

Les fils de cuivre allant jusqu'à 8 millimètres de diamètre, doivent avoir une tension de rupture d'au moins 35 kilogrammes par millimètre carré.

Pour les lignes de contact on n'emploiera que des fils présentant une tension de rupture d'au moins 35 kilogrammes par millimètre carré.

ART. 8. — Il sera fait, avec tous les fils, des essais de résistance à la station fédérale pour l'essai des matériaux de construction à l'École Polytechnique de Zurich. Les protocoles de ces essais seront transmis en originaux au Contrôle fédéral. »

Pour la question des éclissages, l'article 12 dit :

Eclissage électrique. — Lorsqu'on utilise les rails comme conduite électrique, on munira chaque joint de deux connexions en cuivre offrant chacune une section d'au moins 50 millimètres ou d'une seule connexion de même valeur totale au point de vue électrique.

Ces connexions seront établies de manière à assurer un contact aussi bon et aussi durable que possible. »

* * *

Fils de bronze pour lignes télégraphiques et téléphoniques

Dans les cas de conducteurs pour lignes télégraphiques ou téléphoniques, la question d'une haute conductibilité, quoique intéressante, a une importance moindre que dans les cas de transports de force proprement dits, et l'on peut admettre une tolérance plus grande, de façon à pouvoir exiger des qualités mécaniques (résistance à la traction, notamment) que l'on ne peut obtenir du cuivre pur.

Il faut consentir alors à des alliages ou à l'incorporation, dans le cuivre, de substances diverses (silicium, phosphore) qui augmentent notablement la ténacité du métal.

Ces divers *bronzes* ont, dans leur composition, des quantités plus ou moins considérables de corps étrangers, suivant que l'on désire avoir une bonne conductibilité et une résistance mécanique médiocre, ou, au contraire, un coefficient de rupture élevé quitte à augmenter quelque peu la résistivité.

Parmi les alliages, nous pouvons citer le *bronze d'aluminium à* 10 % qui a les caractéristiques suivantes :

Résistivité ρ à 0° C, en microhms-centimètre	12,31
Conductibilité relative au cuivre pur de Matthiessen, en pour-cent	12,9
Coefficient moyen de température α, vers 20° C	0,00105
Densité, en grammes par centimètre cube	7,7

et le bronze à 2 % d'étain :

Résistivité ρ à 0° C, en microhms-centimètre	4,57
Conductibilité relative au cuivre pur de Matthiessen, en pour-cent	35
Coefficient moyen de température α, vers 20° C	0,00152
Densité, en grammes par centimètre cube	—
Ténacité en kilogrammes par millimètre carré	75

Quant aux bronzes phosphoreux, siliceux et chromé, nous indiquerons :

Bronze phosphoreux pour fils télégraphiques.

Résistivité ρ à 0° C en microhms-centimètre	1,6
Conductibilité relative au cuivre pur de Matthiessen, en pour-cent	99
Coefficient moyen de température a, vers 20° C	0,00394
Ténacité, en kilogrammes par millimètre carré	48

Bronze phosphoreux pour fils téléphoniques.

Résistivité ρ à 0° C, en microhms-centimètre	5,6
Conductibilité relative au cuivre pur de Matthiessen, en pour-cent	28
Coefficient moyen de température a, vers 20° C	0,00394
Ténacité, en kilogrammes par millimètre carré	82

Bronzes siliceux télégraphiques Lazare Weiller :

(A)	Résistivité	1,67
	Conductibilité	97
	Coefficient a de température	0,00152
	Ténacité	45
(D)	Résistivité	2,69
	Conductibilité	60
	Coefficient a de température	—
	Ténacité	65
(F)	Résistivité	7,80
	Conductibilité	20
	Coefficient a de température	
	Ténacité	100

Enfin, parmi les bronzes chromés *Mouchel* :

Bronze chromé télégraphique :

Résistivité	1,641
Conductibilité	98,5
Ténacité	45
Densité	8,92

Bronze chromé téléphonique :

Résistivité	4,710
Conductibilité	34,5
Ténacité	75

Pour terminer avec ce sujet, nous donnerons les spécifications concernant les qualités exigées par la direction générale des Télégraphes Suisses pour la fourniture des fils de bronze.

Direction générale des Télégraphes Suisses

Instructions pour la fourniture de fils de bronze. — Pour les soumissions et fournitures de fils de bronze, les instructions suivantes sont à prendre en considération.

ARTICLE PREMIER. — Les fils doivent avoir une section rigoureusement circulaire ainsi qu'une résistance mécanique régulière ; la surface doit être lisse et ne présenter ni déchirures, ni rayures ou fentes.

Pour les autres spécifications concernant les qualités exigées pour les fils de bronze, il faut s'en référer au tableau suivant :

Diamètre normal en ‰	1,5	2	3	4	5
Tolérance en diamètre..	1,45 — 1,55	1,9 — 2,1	2,9 — 3,1	3,9 — 4,1	4,9 — 5,1
Résistance à la traction au minimum	135	190	410	660	805
Résistance à la traction par mm²	75	57	56	51	40
Allongement, en % ...	1,5	1,5 — 2	2	2,5	2,5
Nombre min. de pliages (rayon de courbure 5 mm.)	9	8	6		
Nombre min. de pliages (rayon de courbure 10 mm.).				8	7
Nombre min. de torsions, sur 10 cm.	15	22	12	10	6
Résistance par kilomètre, en ohms, à la température de 15° C....	23	5,9	2,8	1,5	0,9
Conductibilité	24	50	50	54	58
Poids des torches en kg.	20	30	40	50	60

Instructions pour la fourniture de fil de fer galvanisé et de fil d'acier. — 1° *Matériel.* — Le fil de fer doit être en fer au creuset ; le fil d'acier, d'acier au creuset.

2° *Diamètre.* — Le diamètre des fils doit être compris entre les limites suivantes :

a) Fil de fer de 3 millimètres	entre	2mm9	et	3mm1
— — 4	—	—	3mm9	—	4mm1
— — 5	—	—	4mm9	—	5mm1
b) Fil d'acier — 2	—	—	1mm95	—	2mm05
— — 3	—	—	2mm9	—	3mm1

3° Le fil doit avoir, sur toute sa longueur, une section rigoureusement circulaire ainsi qu'une surface lisse, il ne doit montrer ni déchirures, ni rayures ou fentes, ni présenter aucune irrégularité.

Lorsqu'on casse le fil, la section doit présenter un aspect fibreux, d'un gris clair mat, sans points noirs ni places plus claires ;

4° *Galvanisation.* — La couche de zinc doit adhérer partout au fil et le recouvrir complètement ; il doit avoir une surface lisse. Il ne doit se former ni écailles, ni déchirures lorsqu'on enroule le fil sur un cylindre d'un diamètre 10 fois supérieur à celui du fil.

Le fil doit supporter six plongées successives, d'une minute chacune, dans une solution d'une partie (en poids) de sulfate de cuivre dans 5 parties d'eau, sans se recouvrir d'une couche adhérente.

5° *Résistance à la rupture et allongement.* — *a*) Fil de fer :

La résistance absolue à la rupture doit comporter :

Pour un fil de 3 millimètres	350	kilogrammes.
— — 4 —	570	—
— — 5 —	850	—

L'allongement ne doit pas dépasser 5 % de la longueur primitive pour une charge égale à 85 % de la charge de rupture.

b) Fil d'acier :

La résistance absolue à la rupture doit comporter :

Pour un fil de 2 millimètres	440	kilogrammes.
— — 3 —	950	—

Pour une charge égale à 80 % de la charge de rupture, le fil d'acier ne doit pas présenter d'allongement permanent.

6° *Essais de torsion.* — Sur une longueur de 15 centimètres, les fils doivent supporter sans se briser, le nombre de torsions suivant :

Fil de fer 3 millimètres	21	torsions.
— — 4 —	18	—
— — 5 —	15	—
Fil d'acier 2 —	15	—
— — 3 —	10	—

7° *Essais de flexion.* — En faisant usage d'un dispositif de serrage à mâchoires arrondies, dont les rayons de courbure sont donnés par la table suivante, le fil doit supporter, sans se rompre, le nombre de pliages à angle droit indiqué ci-après :

Fil de fer de 3 mm., 8 pliages sur un rayon de courbure de 10 mm.
— — 4 — 7 — — — 10 —
— — 5 — 6 — — — 10 —
Fil d'acier de 2 — 7 — — — 5 —
— — 3 — 7 — — — 10 —

CHAPITRE III

L'Aluminium

I

Historique de la fabrication de l'aluminium

PROCÉDÉS PAR VOIE CHIMIQUE

Contrairement aux deux métaux principaux de l'électrotechnique, le cuivre et le fer, qui sont connus depuis la plus haute antiquité, l'aluminium est un métal de date relativement récente.

Tandis que l'on a découvert en Chaldée une figurine en cuivre pur que Oppert fait remonter, d'après l'inscription, à 4000 ans avant J.-C., ce n'est qu'en 1855 qu'on vit, pour la première fois, dans le Palais de l'Industrie, à Paris, une barre d'aluminium préparée, à l'usine d'Anfreville, près Rouen, par les frères Tissier qui avaient été attachés au laboratoire de H. Sainte-Claire Deville.

On sait que Sainte-Claire Deville avait réussi, en 1854, à isoler l'aluminium à l'état de pureté.

En 1827, Wöhler était déjà parvenu à isoler le métal sous forme d'une poudre grise qui possédait bien, en cet état de division, quelques caractéristiques du métal solide, mais était excessivement variable dans ses propriétés.

Nous pouvons donc garder cette date de 1855 comme celle de la naissance de l'aluminium ; deux ans plus tard, en 1857, son prix était de 3.000 fr. le kilogramme, mais descendait déjà à 300 fr. en 1859.

Wöhler avait obtenu de l'aluminium en décomposant du chlorure anhydre d'aluminium par le potassium, et H. Sainte-Claire Deville avait remplacé le chlorure d'aluminium par le chlorure double d'aluminium et de sodium, plus facile à préparer, et le potassium par le sodium, d'un prix moins élevé.

Rappelons que ce procédé fut exploité pendant plus de trente ans, à Nanterre d'abord, à Salindres ensuite et dans une usine anglaise.

* * *

PROCÉDÉS PAR VOIE ÉLECTROLYTIQUE

Parallèlement aux travaux de H. Sainte-Claire Deville, le célèbre chimiste Bunsen réussissait, le premier, en 1854, à séparer l'aluminium par électrolyse des combinaisons fondues ; pour cela il décomposa le chlorure d'aluminium et de soude, en lui ajoutant du chlorure de sodium.

Peu de temps après, Lontni fit des essais de laboratoire très approfondis sur cette électrolyse des sels d'aluminium fondus en employant des électrodes en charbon. Mentionnons également les recherches de Groetzel, de Brême.

En 1884, les frères Cowles publièrent le procédé par lequel ils fabriquaient des alliages d'aluminium au four électrique.

Ce procédé avait pour but de réduire l'alumine par le charbon en soumettant le mélange à la chaleur de l'arc. On sait maintenant, après les recherches de M. Moissan, que l'on obtient ainsi, non pas de l'aluminium métallique, mais un carbure d'aluminium. Mais, pour la fabrication des alliages, le procédé eut un véritable succès.

Enfin, après avoir rappelé les noms de Kleiner (1886), Kiliani (1888), etc., nous terminerons cette partie historique par les travaux de Minet dont le nom restera attaché aux débuts de l'électrométallurgie de l'aluminium.

M. Minet, après avoir essayé sans grand succès comme électrolyte le chlorure double d'aluminium et de sodium (40 parties) et le chlorure de sodium (60 parties), expérimenta l'électrolyte suivante : fluorure double d'aluminium et de sodium (40 à 25 parties) ; chlorure de sodium (60 à 75 parties), qui lui donna de meilleurs résultats.

Mais ce n'était pas tout de trouver une électrolyte convenable ; il fallait encore imaginer un four électrique de nature telle qu'il ne put être attaqué par les sels en fusion et qui put résister à la température du bain.

Après l'essai d'un premier four qui, malgré certaines dispositions très originales, ne put convenir, les cuves étant rapidement hors d'usage, M. Minet imagina un deuxième type de four dans lequel le bain était maintenu en fusion par la seule action du courant ([1]). La cuve était métallique et recouverte intérieurement d'un garnissage en charbon aggloméré. C'est ainsi que Minet réalisa le principe de la cuve cathode, adopté également par Héroult et par Hall.

L'anode était constituée par un ou plusieurs blocs de charbon aggloméré, disposés au centre de la cuve. L'aluminium produit s'accumulait au fond de la cuve et en était extrait par un trou de coulée.

Procédés actuels de fabrication de l'aluminium

(Héroult et Hall)

ALUMINIUM PUR

Les procédés Héroult et Hall, qui sont les seuls employés à l'heure actuelle, sont identiques. La méthode, exposée dans les brevets de M. Héroult (1886), est appliquée dans quelques usines, notamment aux États-Unis, sous le nom de Hall, grâce à une disposition particulière de la loi américaine sur les brevets.

Le principe consiste essentiellement en la décomposition électrolytique, dans un vase en charbon, de l'alumine en solution dans la cryolite fondue au moyen d'une anode en charbon.

M. Héroult utilise pour sa fabrication des creusets au fond desquels arrive l'électrode négative. Suivant l'axe des creusets est l'électrode positive, qui est en charbon et que l'on peut placer à une hauteur variable.

On charge le creuset avec de la cryolite et on fait passer le courant. La cryolite se liquéfie, et on ajoute peu à peu de l'alumine, qui se dissout dans la cryolite fondue et se décompose sous l'influence du courant. L'aluminium va au pôle négatif et se dépose au fond du creuset, d'où on l'extrait toutes les vingt-quatre heures.

---

(1) Dans son premier four, Minet utilisait l'intervention d'un foyer extérieur pour chauffer le bain.

La figure 43 représente un four Héroult dont la caractéristique est d'être très robuste et de résister à une forte température. Le second four (fig. 44) constitue un appareil plus industriel. On y remarquera

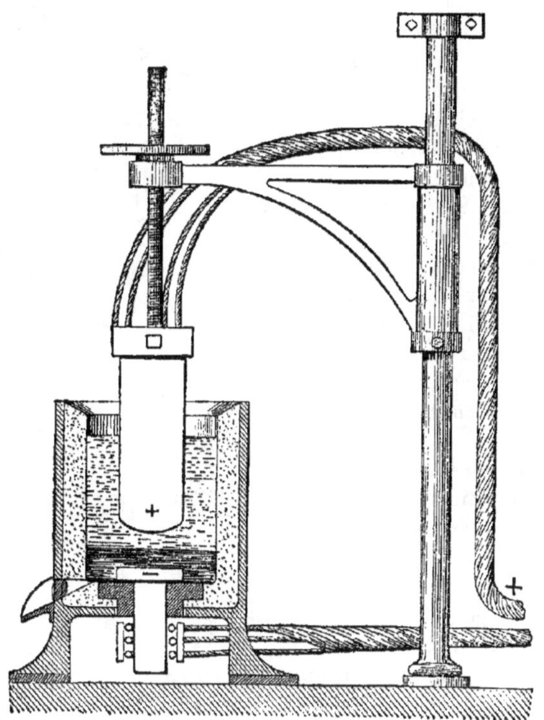

Fig. 43. — *Four Héroult pour la fabrication de l'aluminium.*

le mécanisme permettant de régler avec précision le mouvement que l'on donne à l'anode. L'aluminium obtenu ainsi est à un haut degré de pureté.

Si dans les fours pour la fabrication de l'aluminium les tensions admises sont minimes (8 à 30 volts), les intensités sont considérables et atteignent 6.000 ampères et plus.

ALLIAGES D'ALUMINIUM

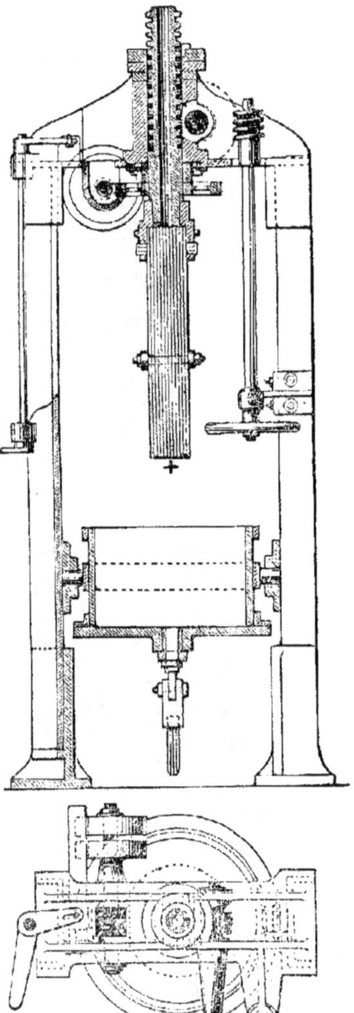

Fig. 44. — Four électrique pour la fabrication de l'aluminium.

Procédé Héroult. — Pour la fabrication des alliages d'aluminium (bronze d'aluminium et ferro-aluminium), M. Héroult se sert de caisses en fonte de fer AA′ (fig. 45) garnies intérieurement d'un revêtement G. M. de charbon, qui est représenté en noir, et dans lequel on a ménagé une cavité B qui sert de creuset. Au fond de ce creuset se trouve le métal que l'on veut allier à l'aluminium. Au-dessus est l'alumine ; en C est l'électrode positive. L'électrode négative arrive en N et communique par conséquent avec la caisse A, A′, le charbon M et le métal.

On amorce le creuset avec de la cryolite, au milieu de laquelle descend l'électrode positive C, et on alimente avec de l'alumine, qui offre au passage du courant une grande résistance ; il se produit une quantité de chaleur considérable qui fond l'alumine en un liquide fluide. Celui-ci se décompose, et l'aluminium, se rendant au pôle négatif, s'y allie au métal qui est au fond du creuset. Un trou de coulée S permet d'extraire l'alliage.

* * *

Procédé Cowles. — Nous avons

dit que dans les essais de Cowles, il ne se produisait pas de l'aluminium, mais du carbure d'aluminium ; ce procédé, s'il ne convient pas pour l'aluminium pur, donne d'excellents résultats dans la fabrication des alliages d'aluminium.

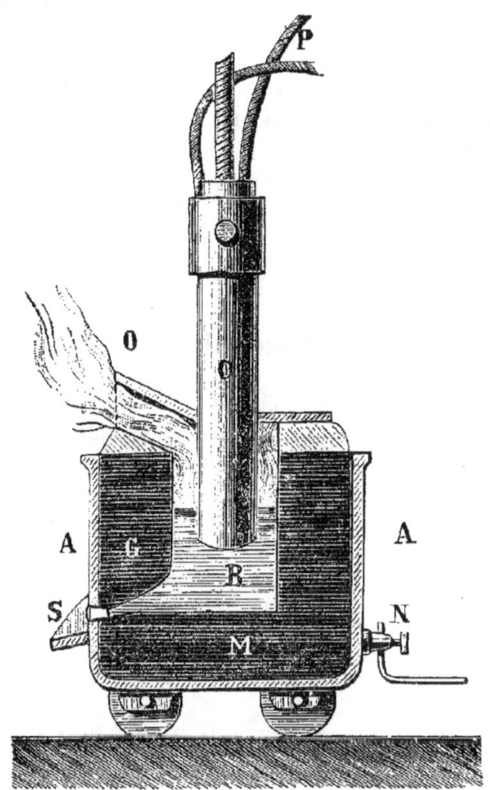

Fig. 45. — *Four Héroult pour la fabrication des alliages d'aluminium.*

Le procédé consiste à soumettre à la température de l'arc électrique un mélange d'alumine et de charbon. Il n'y a pas électrolyse, car le rendement est le même qu'on se serve de courant continu ou de courants alternatifs : c'est une réduction de l'alumine à une haute température.

On se sert d'une espèce de four électrique, en maçonnerie, garni intérieurement d'un mélange de chaux et de charbon, mélange qui résiste très bien à la température élevée que développera l'arc ; le fond du four est garni de charbon, sur lequel on place le mélange d'alumine, de charbon et de métal qui doit entrer dans la composition de l'alliage à fabriquer. Le courant arrive par deux électrodes, passant à travers des tubes en fonte, et formées chacune par neuf baguettes de charbon de 65 mm de diamètre. Les deux électrodes peuvent à volonté être rapprochées ou éloignées.

On fait passer un courant de 3.000 ampères au début, puis de 5.000 ampères ; la masse entre en fusion et l'alumine se réduit en donnant avec le charbon de l'oxyde de carbone, qui s'échappe avec la flamme par un trou pratiqué à la partie supérieure du four. Au bout d'une heure et demie la réaction est terminée et on coule l'alliage.

Impuretés et alliages de l'aluminium

Les impuretés naturelles que l'on rencontre dans l'aluminium sont : le *calcium*, la *silice*, le *fer*, le *titane* et les métaux alcalins : *sodium* et *potassium*. Le *calcium* et le *titane* sont très rares et sont faciles à éliminer dans la bauxite s'ils s'y rencontrent. Le titane est favorable à l'aluminium si sa teneur ne dépasse pas 3 %. C'est en effet l'alliage à 2 % de titane qui présente la résistance maximum à la traction. Ces alliages ne sont pas brillants comme l'aluminium pur. Ils présentent un aspect mat analogue à celui du plomb.

* * *

Le *fer* et la *silice* rendent les pièces coulées brillantes et dures à travailler : une boîte d'organes de transmission en aluminium contenant 8,75 de cuivre, 1,57 de fer, 0,87 de silicium et 88,81 d'aluminium nécessite un travail de près de quatre heures à la machine, tandis qu'une autre répondant à l'analyse : cuivre, 6,04 ; fer, 0,26, silice, traces, et aluminium, 93,64, fut travaillée complètement en une heure seulement.

* * *

Le *sodium* et les autres métaux alcalins sont des impuretés particulièrement nocives dans les alliages pauvres en cuivre. Ils favorisent en effet beaucoup la corrosion des pièces soumises simplement à l'action de l'humidité et des agents atmosphériques, comme c'est le cas pour les conducteurs.

* * *

D'après Davis, le *cuivre* agirait aussi dans le même sens, quoique bien moins énergiquement. Sous l'influence de l'humidité, il se crée une différence de potentiel donnant naissance à un courant électrique qui met en liberté un atome d'hydrogène, lequel est remplacé par un atome de métal alcalin. Il se forme ainsi un hydrate alcalin qui, à son tour, attaque l'aluminium pur et déplace le métal alcalin qui se combine avec H^2O (eau) naissant et le cycle destructeur recommence. Une solution de chlorure de sodium placée dans un récipient en verre où sont disposées deux électrodes, l'une de cuivre et l'autre d'aluminium pur reliées par un fil métallique, se trouble rapidement par formation d'hydrate d'alumine insoluble, ce qui explique l'influence de l'eau de mer sur les alliages d'aluminium. Il faut cependant faire une exception pour les alliages de cuivre qui sont de véritables combinaisons chimiques. Bien que certains fondeurs admettent un pourcentage de cuivre allant jusqu'à 8 à 12 %, il est certain qu'il n'y a pas d'avantage à dépasser 4 %.

* * *

Le *nickel* forme d'importants alliages avec l'aluminium. De même que le cuivre, il donne un composé chimique nettement défini $NiAl^6$.

Le nickel augmente la résistance à la tension, mais les alliages nickel-aluminium ne résistent pas aussi bien à la corrosion que les autres alliages.

* * *

Les alliages *magnésium*-aluminium ne sont pas utilisés à cause du prix élevé du magnésium. Ils auraient l'avantage d'une grande légèreté. Le plus connu est l'alliage dont la composition moyenne est la suivante : aluminium 95,5 %, magnésium 1,50, cuivre 1,50, nickel 1,50 et qui est très employé dans les appareils de cuisine.

* * *

La *manganèse* et le *chrome* agissent sur l'aluminium comme agents de trempe ; ainsi avec 5 % de chrome, l'aluminium ne peut plus se travailler.

* * *

L'*étain*, allié à l'aluminium, même en faible proportion, le rend cassant.

* * *

Le *tungstène* durcit l'aluminium et augmente la résistance à la corrosion.

MINERAIS D'ALUMINIUM

Nous venons de voir l'importance, pour l'aluminium, d'être obtenu à un grand degré de pureté ; certes, il existe des procédés pour l'épuration du métal, nous les examinerons plus loin, mais il est tout d'abord indispensable d'avoir des minerais exempts d'impuretés.

Bien qu'étant le métal le plus largement distribué sur la terre, l'aluminium ne se trouve jamais à l'état métallique, mais toujours combiné avec l'oxygène. Sous cette forme : Al^2O^3, il est la base de la plupart des roches communes et le constituant principal des argiles. On le rencontre dans les porphyres, les roches ignées, et associé au quartz dans le granit, le gneiss, le mica, la syénite, etc. Le saphir, le rubis, obtenus artificiellement par Frémy et par Gin, sont constitués par de l'alumine pure colorée par des traces d'oxydes de la même famille.

Certains minéraux contiennent de grandes quantités d'alumine (70 à 80 %) et l'on cite, dans le Nouveau-Mexique, une véritable montagne d'alumine.

* * *

De la cryolithe. — Les deux principaux minerais utilisés pour la fabrication de l'aluminium sont la *cryolithe* et la *bauxite.*

La cryolithe est un fluorure double d'aluminium et de sodium renfermant 13 % d'aluminium. Elle se recontre habituellement en masses compactes blanches, translucides, ayant l'éclat vitreux.

Ce minerai se trouve en grande abondance et pour ainsi dire chimiquement pur dans le Fiord d'Arksut (Groenland). On le rencontre également à Evigtok et à Miask (Oural).

La cryolithe appartient au système triclinique ; sa dureté est égale à 2,5 et son poids spécifique à 2,96.

* * *

Bauxite. — Mais c'est surtout de la bauxite que l'on part pour la préparation de l'alumine ; ce minerai, dont on a découvert de très importants gisements, est un hydrate d'alumine avec des quantités diverses de silice et d'oxyde de fer ; la quantité d'alumine varie, suivant les gisements, de 45-50 % à 82 %.

La bauxite s'exploite ou se trouve :

France. — Dans le Var et l'Hérault, où des gisements occupent des bassins de 10 à 12 kilomètres de largeur sur une longueur égale ; la teneur est en moyenne de 55 à 72 % d'alumine anhydre. La bauxite se rencontre aussi dans le Puy-de-Dôme et dans l'Ariège, près de la Bastide-de-Séron.

Autriche. — On a exploité pendant quelques années les gisements de Neustadt, mais l'exploitation a été abandonnée par suite de l'impureté du minerai.

D'autres gisements ont été découverts en Carniole et en Styrie, notamment à Prichora (49,6 à 61,2 % d'alumine anhydre).

Il existe aussi des bauxites en Dalmatie.

Irlande. — Les gisements d'Irlande se trouvent dans le comté d'Antim, au nord de l'Irlande. Les mines sont situées à Strain, près de Ballyclare.

La bauxite de Strain contient 50 à 56 % d'alumine, 1,5 à 3 % de fer et des proportions variables de silice.

La British Aluminium Company exploite les mines de Glenravel ; elle a installé à Larne Harbourg une usine très importante où la bauxite est transformée en alumine pure par le procédé Bayer. La bauxite de Glenravel contient 50 à 58 % d'alumine, 2 à 4 % de fer, 3 à 10 % de silice et 2 à 3 % d'acide titanique.

Amérique. — Il existe dans la Georgie, l'Alabama, l'Arkansans, le Canada, des centaines de millions de tonnes de bauxite contenant environ 5 % de silice et d'oxyde de fer réunis et environ 4 à 5 % d'acide titanique.

La composition moyenne de la bauxite, de bonne qualité, de la Georgie est à peu près la suivante :

Silice	3 %
Oxyde de fer	1,50 %
Oxyde de titane	4,50 —
Alumine	57,67 —
Eau combinée	32,38 —

La teneur en humidité varie avec l'état des minerais ; les pisolithes n'en contiennent pas au delà de 1 à 2 % au plus.

Les portions les plus tendres de la bauxite renferment souvent jusqu'à 10 et 15 % d'humidité. La moyenne pour la bauxite est de 2 à 3 % en plus de l'eau combinée.

* * *

ALUMINE

Fabrication

Nous avons dit que la matière première pour la préparation de l'alumine était la bauxite ; divers procédés sont utilisés (procédés Bayer, Laur, Peniakoff) qui paraissent tous s'inspirer des mêmes principes généraux :

Le minerai est traité de la façon suivante : on le calcine légèrement, on le broie, et on le traite sous pression par une solution de soude caustique ayant une densité de 1,45. On filtre et l'on a ainsi une solution d'aluminate de soude. On décompose cet aluminate par un courant d'acide carbonique, qui donne de l'alumine et de la soude.

Pour cette dernière partie du traitement de la bauxite, on utilise généralement la méthode indiquée par Bayer : lorsque l'on agite une solution d'aluminate de soude contenant un peu d'hydrate d'alumine cristallisé, la solution se décompose en abandonnant de l'alumine cristallisée.

Tel est le fait découvert par Bayer ; industriellement parlant, il suffit de faire passer dans la solution d'aluminate de soude, pendant quelques instants, un courant d'acide carbonique, lequel produit une certaine quantité d'alumine cristallisée, puis on agite la masse et l'alumine se précipite à l'état cristallin.

Cette méthode a une très grande importance au point de vue industriel ; en effet, dans le traitement de la bauxite par la soude, il se dissout de la silice et de l'acide phosphorique ; ces matières restent évidemment dans les eaux-mères, après précipitation de l'alumine, tandis que, par le traitement total de l'aluminate de soude par l'acide carbonique, on décompose les silicates et quelques phosphates et l'on obtient un mélange d'alumine et de soude, cette dernière étant éliminée par lavages. De plus, le prix de revient est sensiblement diminué ; non seulement on utilise une quantité très minime d'acide carbonique, mais on opère à froid et le seul appareil nécessaire est un agitateur. Enfin les eaux-mères sont utilisées à nouveau pour attaquer la bauxite et donnent d'excellents résultats.

Purification de l'alumine

Aucune des méthodes de fabrication industrielle de l'alumine ne permettant de l'obtenir à l'état de pureté absolue, il est bon de la purifier.

Procédé Loeving. — On peut débarrasser l'alumine du fer en partant du sulfate; parmi les procédés employés, on cite celui de Loeving, de Goldschmieden (Silésie), comme permettant la séparation complète du fer. La solution neutre du sulfate d'alumine est électrolysée dans de grands bacs doublés de plomb.

La doublure de plomb sert d'anode, les cathodes sont des lames de fer ou de cuivre. Tandis que le fer se dépose sur la cathode, il se forme aux anodes du sulfate et du bioxyde de plomb.

Il faut régler le courant de façon à éviter le dégagement d'oxygène au pôle positif ; on y arrive en augmentant convenablement la surface des anodes.

Procédé Klobulow. — Le procédé de M. Klobulow ressemble au précédent, sauf que, dans ce dernier, l'électrode négative est en mercure.

Procédé électrique de Hall. — Le procédé de purification de la bauxite proposé par M. Hall, de Niagara-Falls, consiste à traiter la bauxite dans un four électrique à résistance, en présence d'une proportion convenable de charbon. L'oxyde de fer et la silice sont réduits et forment du ferro-silicium qui est évacué. Il reste un oxyde d'aluminium cristallisé, qui contient plus de métal que l'oxyde Al^2O^3.

Ce procédé a été appliqué en France, dès l'année 1896, par M. Gin, qui fabriqua ainsi plusieurs centaines de tonnes de corindon artificiel, employé sous le nom de « diamantine », pour la fabrication des meules artificielles et des produits de polissage. M. Hall, dans un nouveau brevet, a modifié son procédé et traite la bauxite au four électrique, en employant comme agent de réduction, non plus le carbone, mais l'aluminium ou l'un de ses alliages.

Enfin pour les bauxites silicieuses, M. Hall a proposé également de fondre la bauxite avec un fluorure métallique. Il se forme du fluorure de silicium gazeux qui s'élimine spontanément.

Les usines pour la fabrication de l'aluminium

LES USINES FRANÇAISES

En France, l'industrie de l'aluminium est aujourd'hui entre les mains de six Sociétés, dont quatre n'ont entrepris cette fabrication qu'après la chute des brevets dans le domaine public :

1° *La Société Électrométallurgique Française*, qui dispose d'une puissance installée de plus de 65.000 chevaux dans ses différentes usines. Celles-ci sont notamment :

a) L'usine de Froges (Isère), devenue centre administratif et vaste laboratoire d'essais ;

b) L'usine de la Praz, en aval de Modane, construite sur l'Arc et possédant une force de 13.000 chevaux ;

c) L'usine de la Saussaz, près de Saint-Michel-de-Maurienne, également construite sur l'Arc qui lui fournit une puissance de 17.000 chevaux ;

d) Enfin, l'usine de l'Argentière-la-Bessée, sur la Durance, en aval de Briançon, qui a été mise en marche en février 1910. Cette installation, intéressante à plus d'un titre, représente d'abord, avec ses 35.000 à 40.000 chevaux, l'installation hydro-électrique la plus puissante de France ; de plus, les travaux hydrauliques sont remarquables par leur hardiesse de conception et leur audace de réalisation ;

2° *La Compagnie des Produits Chimiques d'Alais et de la Camargue*, qui possède actuellement :

a) L'usine de Calypso, située dans la vallée de la Maurienne, au confluent de l'Arc et du torrent de Valloire, et disposant d'une puissance de 14.000 chevaux ;

b) La petite usine de Saint-Félix, autrefois consacrée à la fabrica-du carbure, et rachetée par la Compagnie d'Alais, située immédiatement en aval de Calypso ; elle dispose de 3.000 à 4.000 chevaux ;

c) L'usine des Plans, ou de Saint-Jean-de-Maurienne, située, elle aussi, sur l'Arc, en aval de Saint-Félix. C'est la plus récente usine de la Compagnie d'Alais. Mise en marche en 1907, elle est installée pour 20.000 chevaux ; elle le sera pour 28.000 lorsqu'elle aura atteint son développement complet ;

3° *La Société d'Électrochimie*, fondée en 1889, qui possède plusieurs usines, parmi lesquelles celle de Prémont, près de Saint-Michel-de-Maurienne. Cette usine est alimentée par l'Arc qui, sous une chute de 75 mètres, fournit une puissance de 10.000 chevaux, utilisée à la fabrication des chlorates et, depuis quelques années, à celle de l'aluminium ;

4° *La Société des Forces Motrices et Usines de l'Arve* disposant, dans son usine de Chedde, au débouché de la vallée de Chamonix, d'une puissance de 13.000 chevaux ; aux industries initiales des chlorates et des perchlorates, elle a joint, elle aussi, l'industrie de l'aluminium ;

5° *La Société des Produits Électrochimiques et Électrométallurgiques des Pyrénées* qui a mis en marche son usine d'Auzat, dans l'Ariège, dans le courant de 1908. Les canalisations sont prévues pour une puissance de 25.000 chevaux sur lesquels 12.000 sont installés. Auzat fabrique, en outre de l'aluminium, des chlorates et du carbure de calcium ;

6° *La Société d'Électrométallurgie du Sud-Est* possédant, dans son usine de Venthon, près d'Albertville, une force de 6.000 chevaux pour la fabrication de l'aluminium.

* * *

En résumé, six Sociétés françaises affectent à la production de l'aluminium dix usines (sans compter Froges) dont la puissance totale est de 120.000 chevaux et peut atteindre 140.000 chevaux. Il est à remarquer que six de ces usines, représentant 80.000 chevaux, soit les deux tiers de la puissance totale, sont échelonnées, sur une longueur de 25 kilomètres environ, le long de l'Arc, dans la vallée de la Maurienne, qu'on a pu, à juste titre, surnommer « le Val de l'Aluminium ».

LES USINES SUISSES, ALLEMANDES ET AUTRICHIENNES

En dehors de la France, nous trouvons comme Sociétés d'aluminium :

1° Pour la Suisse, l'Allemagne et l'Autriche, une seule Société : l'*Aluminium Industrie Gesellschaft* ou Société de Neuhausen, constituée en 1888 et actuellement au capital de 31 millions de francs.

Cette Société possède actuellement cinq usines, dont la puissance installée de 44.000 chevaux atteindra 74.000 chevaux lorsque le développement de l'usine de Chippis sera complet.

Le premier établissement de la Société fut l'usine suisse de Neuhausen, près de Schaffhouse, qui prend sur le Rhin une force de 4.000 chevaux, et qui est, avec Froges, le berceau de l'aluminium, car c'est là que M. Héroult a poursuivi également la mise au point de son procédé.

En 1898, la Société de Neuhausen met en marche l'usine de Rheinfelden (5.000 chevaux) dans le Grand-Duché de Bade ; en 1899, l'usine de Lend-Gastein (9.000 chevaux), dans la province de Salzburg (Autriche) ; en 1902, l'usine de Lend-Rauris (6.000 chevaux).

En août 1908, elle met en exploitation partielle l'usine de Chippis (Valais), qui prend sur la Navizance 20.000 chevaux, actuellement installés, et qui dispose sur le Rhône de 30.000 à 40.000 chevaux, dont l'aménagement est en cours. Cette usine, qui aura coûté 14 millions, fabriquera, en outre de l'aluminium, l'acide nitrique synthétique par le procédé Moscicki.

* * *

LES USINES AMÉRICAINES

2° En Amérique, la *Pittsburg Reduction C°*, qui, depuis 1907, a pris le nom de *The Aluminium Company of America*, détient en fait le monopole de la fabrication de l'aluminium aux États-Unis et au Canada. Cette Société, au capital de 100 millions de francs, commença, dès 1888, à préparer l'aluminium dans la petite usine de Pittsburg (500 à 600 chevaux) ; à partir de 1890, la fabrication fut transportée de Pittsburg à l'usine de New-Kensington, où s'effectuent maintenant le laminage et l'usinage du métal.

Aujourd'hui, la Société Américaine est à la tête de trois grands établissements : l'usine de Niagara Falls (50.000 chevaux), celle de Masséna (40.000 chevaux) et l'usine canadienne de Shawinigan-Falls (8.000 chevaux environ) ; cette dernière se partage la force disponible de 25.000 chevaux avec la Carbide Cy et la Belgo-Canadian Pulp Cy.

Deux autres fabriques d'aluminium, appartenant à des Sociétés nouvelles, sont en construction : l'une dans le Kentucky, sur la rivière

Cumberland ; l'autre, appartenant à l'Electrometallurgical Cy, à Kanawha Falls.

* * *

USINES ANGLAISES ET NORVÉGIENNES

3° En Angleterre et en Norvège, les usines d'aluminium sont entre les mains de trois Sociétés :

a) La plus ancienne, la *British Aluminium Company* exploite, depuis 1896, le procédé Héroult, dans son usine de Foyers (Ecosse), qui reçoit 6.000 chevaux. Elle a entrepris, en 1907, la construction de deux nouveaux établissements : l'usine de Kinlochleven, en Écosse (60.000 chevaux) ; l'autre en Norvège, à Stangfjord (12.000 chevaux) ;

b) L'*Aluminium Corporation*, fondée en 1907, a mis en marche en avril 1908 l'usine de Dolgarogg, dans le pays de Galles, où elle peut utiliser une puissance de 6.000 à 7.000 chevaux ;

c) L'*Anglo-Norvegian Aluminium Company* a ouvert, dans le courant de 1909, l'usine norvégienne d'Otterdall, près Kristiansand ; la chute de Vigeland, lorsqu'elle sera entièrement aménagée, fournira à cette usine une force de 14.000 chevaux.

* * *

LES USINES ITALIENNES

4° En Italie, la *Societa Italiana per la fabbricazione del Alluminio*, au capital de 3 millions de francs, possède à Bussi, dans la vallée de Pescara, une usine pouvant utiliser 4.000 à 5.000 chevaux.

* * *

La puissance *aménagée* dans le monde entier, en vue de la fabrication de l'aluminium, est donc de 335.000 chevaux, mais il est certain que, pour le moment, la force effective utilisée est bien moindre.

Production mondiale de l'aluminium

L'examen des chiffres relatifs à la production de l'aluminium est intéressant à plus d'un titre ; il permet tout d'abord de se rendre compte que, malgré les avantages nombreux et indiscutables de ce métal, l'aluminium a eu de la peine *à prendre* et ce n'est vraiment que ces dernières années que le développement de la demande a été quelque peu intense.

Les causes sont diverses : tout d'abord les prix étaient forcément prohibitifs ; nous avons dit qu'en 1857 l'aluminium coûtait 3.000 fr. le kilogramme ; en 1859, 300 fr. ; en 1886, 125 fr. ; en 1888, l'aluminium chimique se vendait encore 45 fr. le kilogramme. En 1890 apparaît sur le marché l'aluminium électrochimique, que Froges en France, Neuhausen en Suisse, Pittsburg en Amérique, commencent à produire. Le prix de vente tombe de 45 fr. à 19 fr. et les usines chimiques abandonnent d'emblée leur fabrication, tandis que les usines électrolytiques se développent au contraire et se multiplient en France, en Suisse, en Amérique et en Angleterre.

Le prix de l'aluminium diminue alors rapidement : 10 fr. en 1891 ; 3 fr. 75 en 1895 ; 2 fr. 50 en 1900, pour, après diverses fluctuations, arriver en 1909-1910 au prix le plus bas qui ait été atteint, soit 1 fr. 40 le kilogramme, pour remonter ensuite quelque peu, la crise une fois passée.

Une autre cause de la difficulté qu'a eu l'aluminium pour se rendre maître du marché a été aussi les nombreux déboires auxquels son usage a donné lieu au commencement. On s'est rendu compte depuis lors que ces insuccès provenaient du manque de pureté du métal produit à cette époque, car nous rappelons qu'il suffit de quantités minimes d'éléments étrangers, notamment de sodium, pour rendre l'aluminium peu propre aux usages auxquels tout d'abord on l'a destiné : coques de bateaux, batteries de cuisine, récipients pour boissons, qui se corrodaient rapidement.

Quoi qu'il en soit voici, d'après différents auteurs, les tableaux de la production de l'aluminium depuis 1885 :

	Année	Allemagne	Suisse	Angleterre	France	États-Unis	Production totale
(1)	1885	10	—	1	2	0,5	13,5
	1886	10	—	1	2,4	3	16,4
	1887	15	—	1	2	8	26,0

(1) L. GUILLET, *Précis d'Électrochimie et d'Électrométallurgie*, page 263.

	Année	Allemagne	Suisse	Angleterre	France	États-Unis	Production totale
	1888	15		11,5	4,2	8,6	39,3
	1889	—	—	34,5	14,8	21,6	70,9
	1890	—	40,5	70,5	37	27,9	175,9
	1891	—	168,7	52,5	36	76,1	333,3
	1892	—	237,4	41	75	133,6	487,0
(1)	1893	—	437,5	—	137	141,3	715,8
	1894	—	600	—	270	370,4	1240,4
	1895	—	650	—	360	416,8	1426,8
	1896	—	700	—	500	589,7	1789,7
	1897	—	800	300	500	1184,4	2784,4
	1898	—	800	315	565	2350,0	4030,0
(2)	1899	—	890	470	760	2640	4760
	1900	—	970	520	810	2960	5260
	1901	—	—	—	—	—	7500
	1902	—	—	—	—	—	7800
	1903	—	—	—	—	—	8200
	1904	—	—	—	—	—	9300
(3)	1905	—	—	—	—	—	11.500
	1906	—	—	—	—	—	14.500
	1907	—	—	—	—	—	19.800
	1908	—	—	—	—	—	18.600
	1909	—	—	—	—	—	24.200
	1911	—	8000	—	10.000	18.000	46.700

Pour l'année 1911, la différence entre la production de la Suisse, de la France et des États-Unis (36.000) et la production totale (46.700), soit 10.700 tonnes, représente la production des autres pays : Angleterre, Norvège et Italie.

Toute l'histoire, technique et économique, de l'aluminium se déduit de ces chiffres annuels de production, celle-ci passant de 13 tonnes à 46.700 tonnes en 25 ans.

(1) L. Guillet, *Précis d'Électrochimie et d'Électrométallurgie*, page 263.
(2) P. Moissonnier, *L'Aluminium*, page 71.
(3) G. Flusin, *L'Industrie de l'Aluminium*.

Propriétés de l'aluminium

Il est indispensable, dans l'étude des propriétés de l'aluminium, de distinguer le métal *chimiquement pur* du métal *industriel*, les traces d'impuretés que l'on admet de laisser dans l'aluminium modifiant certaines données.

Aluminium pur

Propriétés physiques. — L'aluminium est un métal blanc comme de l'argent, tirant légèrement sur le bleu et se classant par de nombreux caractères entre le cuivre et le fer d'une part, le zinc et l'étain d'autre part. Son poids atomique est de 27,4 à 27,5 et il a une densité de 2,56 à 2,67 (martelé). Cette densité est donc trois fois plus faible que la moyenne de celle des métaux usuels. Sa résistivité à 0° C (ρ_0) est de 2,563, avec un coefficient moyen de température (a) de 0,00423.

Très bon conducteur de la chaleur, sa chaleur spécifique est diversement fixée à :

0,2145	Regnault
0,2020	Kopp
0,2183	Margottet

D'après les expériences de Pionchon, elle varie notablement avec la température et prend les valeurs suivantes :

A 0°	0,2030
A 550°	0,2890

Le point de fusion est, suivant les auteurs : 600° C [Ch. Vigreux (1)] ; 650° [Aluminium Industrie A.-G., Neuhausen (2)] ; 700° [Ostwald (3), Hollemann (4)] ; il se laisse couler avec facilité.

La plupart des auteurs mentionnent comme propriété de l'aluminium son inaltérabilité à l'air, même humide. Ainsi formulée, cette indication est fausse ; car si le métal s'altère peu à l'air cela provient

(1) Ch. Vigreux, *Notes et Formules de l'Ingénieur.*

(2) Aluminium und Aluminium-Legierungen, par l'*Aluminium-Industrie A. G.*, à Neuhausen.

(3) Dr W. Ostwald, *Éléments de Chimie inorganique.*

(4) A. F. Hollemann, *Traité de Chimie inorganique.*

de ce qu'il se recouvre très vite d'une couche extrêmement mince et adhérente d'oxyde d'aluminium, qui protège comme un vernis le métal sous-jacent.

L'aluminium n'est donc pas, en tant que métal proprement dit, résistant à l'action de l'air, mais est au contraire un des corps les plus oxydables qui soient. La preuve en est que si l'on empêche la pellicule d'alumine de se durcir ou de se former, l'oxydation continue avec une violence extrême.

On peut observer ce phénomène d'une façon remarquable en faisant agir le mercure sur l'aluminium. En amalgamant ce dernier par frottement avec un sel de mercure, par exemple du chlorure mercurique, les endroits qui étaient d'abord brillants de mercure deviennent bientôt mats, et, avec une rapidité presque visible, il s'y produit des efflorescenses mousseuses d'hydrate d'aluminium, car l'aluminium s'oxyde.

Le phénomène s'explique par le fait que le métal, aux endroits amalgamés, forme bien la couche protectrice d'alumine, mais qu'à cause de la fluidité de ces endroits l'oxyde ne reste pas adhérent et l'oxydation se continue.

Ceci mis au point, il est certain qu'en pratique il est indifférent que l'aluminium soit stable à l'air pour une cause ou pour une autre, et si cette couche protectrice a des inconvénients (notamment lors du soudage du métal), il est incontestable qu'elle rend des services signalés puisqu'on l'utilise comme isolation du métal dans le bobinage.

La conductibilité calorifique de l'aluminium est 0,343 à 0° et 0,362 à 100° ; son coefficient de dilatation, pour 100° C, est 0,00231.

Propriétés mécaniques. — Nous donnons plus loin, sous forme de tableau, les principales caractéristiques des propriétés mécaniques de l'aluminium : résistance mécanique à divers états, allongement, etc.

L'allongement, qu'augmentent les recuits, permet de le travailler avec la plus grande facilité, au point que l'on peut, par simple emboutissage, obtenir des pièces de dimensions beaucoup plus grandes qu'avec les divers métaux.

L'aluminium se forge et se lamine aisément ; il est malléable au point de pouvoir être divisé en feuilles aussi minces que celles d'or ou d'argent.

Sa sonorité est considérable et comparable à celle du cristal.

Tableau des densité, résistance et allongement de l'aluminium pur et ordinaire (du commerce) :

Désignation des métaux	Densité	Résistance, par mm² en kg	Allongement %
Aluminium pur fondu	2,65	11,5	3,0
— pur, réduit de section de 19/20 par laminage	2,6	23,5	4,3
Aluminium pur, laminé et recuit	2,7	10,0	20,0
— pur, réduit de section de 79/80 par laminage	2,7	27,0	4,2
Le même, recuit	2,7	8,1	19,0
Aluminium laminé à froid	2,7	30,0	3,0
— — et recuit	2,7	20,1	19,5
— ordinaire, du commerce	2,7	17,3	1,1
Essais de l'aluminium Industrie A.-G. (Neuhausen)			
Aluminium pur (coulage en coquille)	—	10,7	24,5
— forgé	—	12,0	22,4
— feuille de 8 m/m, dur	—	11,1	11,9
— — 5 — —	—	13,8	3,5
— — 2 — —	—	16,5	2,5
— fil de 4 m/m, dur	—	19	3,2
— — 3 — —	—	20	3,0
— — 2 — —	—	23	3,0
— — 1	—	26	2,0

Action des agents atmosphériques et des agents chimiques sur l'aluminium

Action de l'air. — Pour la raison que nous avons indiquée (pellicule d'alumine protégeant le métal), l'air, même humide, n'a pas d'action sur l'aluminium ; il n'en est pas de même toutefois pour l'atmosphère marine.

A la température de fusion, l'oxygène s'unit à l'aluminium en produisant Al^2O^3, de sorte que, pendant la fonte, il faut tenir le métal couvert de charbon ou de cryolithe fortement calcinée, pour absorber l'oxyde qui pourrait se former et protéger en même temps la surface.

Action de l'acide sulfurique. — L'acide sulfurique étendu d'eau dans les proportions les plus convenables pour attaquer les métaux qui décomposent l'eau n'exerce pas une action très appréciable sur l'aluminium.

L'acide nitrique faible ou concentré n'agit pas à la température ordinaire sur l'aluminium.

L'acide acétique étendu (degré de concentration du vinaigre ordinaire) agit sur l'aluminium à la manière de l'acide sulfurique, c'est-à-dire avec une extrême lenteur.

Les sels mercuriels attaquent vivement l'aluminium, avec formation de dépôt.

Chauffé au rouge avec un *carbonate alcalin*, l'aluminium s'oxyde aux dépens de l'acide carbonique, et il se forme de l'aluminate alcalin.

La potasse et la soude attaquent très énergiquement l'aluminium ; il se produit un dégagement d'hydrogène et il se forme un aluminate ; mais cette décomposition n'a lieu qu'autant que les alcalis sont en dissolution. L'aluminium, en effet, n'est pas attaqué par les alcalis fondus.

L'eau de chaux attaque également l'aluminium, mais l'aluminate formé est insoluble dans l'eau.

L'acide chlorhydrique est le véritable dissolvant de l'aluminium. Toutefois, quand le métal est chimiquement pur, la réaction ne se fait bien qu'à chaud ; à froid, elle est très lente.

Une dissolution de *sel marin* ou de *chlorure de potassium* a une action d'ensemble sur l'aluminium. Il en est de même des autres chlorures qui sont décomposés par l'aluminium avec une facilité d'autant plus grande que leur chaleur de formation est plus faible.

L'hydrogène sulfuré n'a aucune action sur le métal qui nous occupe.

Enfin, disons que les *sécrétions animales*, lorsqu'elles sont acides, la sueur, par exemple, n'ont guère d'action sur l'aluminium, tandis que les alcalins, comme la salive, ont une certaine tendance à l'altérer.

ALUMINIUM INDUSTRIEL

Nous avons indiqué les propriétés principales de l'aluminium chimiquement pur ; dans les produits industriels, ainsi que nous l'avons dit, il peut se trouver certains corps étrangers (impuretés) qui diminuent souvent les qualités du métal.

L'aluminium commercial contenait au début de l'industrie électrolytique de 4,6 à 8 % d'impuretés ; peu à peu, grâce à la perfection toujours plus grande des procédés utilisés et grâce aux précautions prises, ce chiffre diminua si bien qu'à l'heure actuelle, les grandes usines livrent, comme aluminium industriel, un métal correspondant au titre de 990 à 995 millièmes.

Nous avons indiqué quelles étaient les principales impuretés de l'aluminium et avons pu remarquer que si quelques centièmes de certains éléments sont avantageusement ajoutés pour lui donner de la dureté, de la rigidité et de la ténacité, il fallait se souvenir que ces éléments doivent être choisis parmi les métaux éloignés de l'aluminium dans l'échelle de la pile, et surtout éviter le sodium, le potassium, etc., qui décomposent l'eau et, partant, corrodent le métal.

L'addition de cuivre, chrome, titane, manganèse, argent, sans présenter d'inconvénients sous le rapport de la conservation, donne des alliages définis, doués de beaucoup plus de résistance et d'allongement que le métal.

Par contre, si les pourcentages de zinc, étain, fer, augmentent également les qualités mécaniques, ils compromettent la stabilité par suite des réactions électrochimiques ou galvaniques pouvant provenir du manque d'homogénéité de la masse.

Propriétés physiques et mécaniques. — L'aluminium chimiquement pur a une couleur blanc bleuâtre ; le teinte bleue, qui est presque insensible si l'on examine un métal pur, augmente avec la proportion des impuretés et l'aluminium commercial a parfois une teinte rappelant celle du plomb.

Suivant le degré de pureté, on peut admettre, pour les aluminiums industriels et pour du métal durci par le travail, les résistivités suivantes :

Aluminium avec	98,5 % d'Al pur	55 % de la résistance électrique	du Cu
—	99,0 — —	59 — —	—
	99,5 — —	61 — —	—
—	99,75 — —	63 à 64 % —	—
—	100 — —	66 à 67 — —	—

Ainsi qu'on peut s'en rendre compte par le tableau de la page 68, la ténacité de l'aluminium varie avec son état physique (recuite, forgeage, laminage, étirage, etc.) ; le métal simplement coulé ne résiste qu'à 10 ou 12 kilogrammes par millimètre carré, tandis que le métal écroui peut résister à 25 et 28 kilogrammes.

Vers 550°, l'aluminium se ramollit et fond aux environs de 700°. A 360°, il peut encore se plier sans se rompre.

Sa résistance diminue avec la température suivant le tableau suivant dû aux expériences de M. Le Châtelier :

Température.... en degrés	15	100	150	200	300	400	460
Résistance par mm². en kgs	18,7	15,2	13	10	5,75	2,4	1,6

Alliages

Nous avons sommairement indiqué (pages 72 et 74) quelques-uns des alliages d'aluminium ; pour ce qui concerne l'application à l'électricité, nous retiendrons surtout les combinaisons de l'aluminium avec le cuivre.

Nous devons considérer deux genres d'alliages :

1° Les *alliages légers* avec lesquels on peut, l'écrouissage, le martelage aidant, doubler et tripler la résistance mécanique de l'aluminium sous un poids presque trois fois moindre que celui des métaux ordinaires, par la simple addition de pourcentages de métaux étrangers, sans diminuer sensiblement la résistance aux agents extérieurs, liquides et composés usuels ;

2° Les *alliages lourds*, connus sous le nom de bronzes d'aluminium, présentant des qualités de résistance exceptionnelles, pouvant dépasser celle des bronzes et des aciers, comparable même à celle des aciers au chrome ou au nickel, très homogènes, inaltérables et assez malléables pour permettre leur emploi sous de très faibles épaisseurs et réaliser ainsi, toutes choses égales d'ailleurs, un allégement des plus notables, combiné avec une inoxydabilité remarquable, double avantage que les autres métaux ne possèdent pas toujours.

Alliages légers

Alliages au cuivre. — Allié à quelques centièmes de cuivre, de 1 à 6 % maximum, l'aluminium gagne considérablement en ténacité, rigidité, et cela sans changement sensible dans le poids spécifique.

Ces alliages au cuivre sont, jusqu'ici, ceux qui présentent le plus d'avantages pratiques, dans le sens de l'augmentation des propriétés physiques et mécaniques, en regard du minimum d'inconvénients résultant du fait que, d'une manière générale, tout métal incorporé dans l'aluminium diminue sa résistance aux agents extérieurs ; la teinte est d'un blanc jaune plus agréable.

La résistance à la traction augmente selon les proportions de cuivre : de l'aluminium avec 2 % de cuivre, feuilles de 8 millimètres d'épaisseur, dur, a une résistance à la traction de 24,5 kilogrammes et un allongement de 3,5 % (Neuhausen) ; de l'aluminium avec 3 % de cuivre, feuilles de 8 millimètres d'épaisseur, dur, a une résistance à la traction de 27,6 kilogrammes et un allongement de 2,5 % (Neuhausen) ; de l'aluminium avec 4 % de cuivre, feuilles de 8 millimètres d'épaisseur, dur, a une résistance à la traction de 29,5 kilogrammes et un allongement de 2,5 % (Neuhausen).

Les usines de Neuhausen, près Schaffhouse, fabriquent divers alliages ayant les caractéristiques suivantes :

Métal	Poids spécifique	Résistance à la traction en kgs	Allongement en %
1° *Alliage « Automo »*			
Coulé dans le sable	2,98	18,1	0
— en coquille	2,98	19,0	0,5
2° *Alliage « N. J. »*			
Coulé dans le sable	2,96	12,4	1,0
— en coquille	2,96	17,4	3,0
Forgé	—	27,3	17,5
En feuilles de 10 millimètres, dur	-	31,8	3,2
— — 4 — —	—	35,6	2,5
3° *Alliage « T »*			
Coulé dans le sable	2,99	13,6	1,0
— en coquille	2,99	19,1	4,7
Forgé et recuit après forgeage	—	24,0	22,0
En feuilles de 10 millimètres, dur	—	26,6	9,2

* * *

En ce qui concerne les propriétés générales et les avantages des alliages légers d'aluminium, on peut les résumer comme suit :

Ces alliages, comme l'aluminium pur, peuvent être fondus et ils gagnent en résistance et en allongement, avec les mêmes modifications apportées par les recuits à 200 et 300° par l'écrouissage en général, et en particulier par le laminage, la compression à la presse et le martelage.

Comme le métal et même mieux, ils peuvent subir les opérations d'emboutissage, être étirés en tubes, transformés en tôles d'épaisseurs variables avec de fréquents recuits à haute température, en cornières, fers en U et T, etc.

De même, ils peuvent être trempés, carburés et recouverts de tous les vernis hydrofuges et autres peintures, bronzés, noircis, recouverts de dépôts galvaniques de cuivre pour être ensuite nickelés, argentés, dorés, platinés avec ou sans brunissage, en un mot subir toutes les modifications et améliorations que la pratique a définies pour l'aluminium industriel.

En résumé, on voit que les alliages légers d'aluminium présentent généralement des qualités supérieures à celles du métal.

Alliages lourds. — Bronze d'aluminium

Alliages au cuivre. — Sous le nom de bronzes d'aluminium on comprend des alliages d'aluminium avec une quantité de cuivre importante, et dont les propriétés sont différentes suivant les quantités de métal incorporé.

Propriétés chimiques et physiques. — Eu égard aux propriétés chimiques et physiques, cette appellation de bronze d'aluminium embrasse toute une série d'alliages variant d'une très grande souplesse à une très grande dureté.

Le choix des différents alliages est par conséquent d'une réelle importance suivant l'application qu'on en veut faire.

Les poids spécifiques des alliages contenant de 3 à 10 % d'aluminium sont compris entre 8,37 et 7,65 ; la température de fusion d'un bronze à 10 % d'aluminium est d'environ 1100°.

La couleur peut varier, suivant les teneurs en cuivre, depuis une belle couleur rouge ou jaune doré jusqu'au jaune clair.

La conductibilité électrique est de 6 à 13 % moindre que celle du cuivre pour des bronzes ayant 10 à 5 % d'aluminium.

Propriétés mécaniques. — Au sujet de leur contexture moléculaire, il y a lieu de rappeler que les bronzes d'aluminium ont une grande tendance à se cristalliser, en se refroidissant, lors de la coulée.

Quand ils sont coulés dans le sable et lorsqu'ils se refroidissent lentement, ils ont une cassure grossièrement cristalline et aucune résistance à la traction. Par contre, toutes les opérations de forgeage, laminage, écrouissage, étirage, etc., rendent aux bronzes d'aluminium d'excellentes qualités mécaniques, ainsi que le prouve le tableau suivant :

Composition de l'alliage (Neuhausen)	Poids spécifique	Limite de striction en kg par mm²	Résistance à la traction en kg par mm²	Allongement en %
Bronze avec 5 % d'aluminium, forgé.	8,320	13,0	38,0	50,0
— — — laminé	8,320	14,5	45,5	74,5
— 7 % d'aluminium, forgé.	7,917	15,4	42,5	53,0
— 8 % —	7,749	20,0	47,7	43,0
— 9 % —	7,651	30,0	53,7	17,5
— 10 % —	7,522	32,5	57,7	15,7
Bronze avec 10 % d'aluminium, en feuilles, dans le sens du laminage . .	7,522	34,3	56,4	27,7
Bronze avec 10 % d'aluminium, en feuilles en travers du sens du laminage.	7,522	42,2	66,0	21,0
Aluminium bronze N° 657, forgé. . . .	—	35,0	55,0	5,0
N° 717 —	7,292	40,0	60,0	3,5
— N° 743 —	7,244	45,0	65,0	2,5

Tous ces chiffres nous ont été communiqués par l'*Aluminium Industrie A.-G.* de Neuhausen (Schaffhouse).

Résistance aux agents extérieurs. — *Applications.* — La résistance que présentent les bronzes d'aluminium contre l'oxydation dépasse celle de tous les autres métaux et alliages.

L'influence des acides organiques ou minéraux, du sulfhydrate d'ammonium, du chlore, etc., sur les bronzes d'aluminium est minime comparée même à des alliages vantés, le delta et le bronze phosphoreux, par exemple.

Dans la plupart des cas, il montre une usure moindre que les autres métaux.

D'après de nombreuses constatations, les rapports d'usure de mêmes surfaces de fer, de cuivre et de bronze à 10 % d'aluminium seraient respectivement de 11-2-1, montrant la supériorité de ce dernier corps.

Procédés pour le soudage de l'aluminium

Dans la majeure partie des applications que l'on a faites de l'aluminium, il est indispensable de souder certaines parties des pièces à exécuter et cela n'est pas sans présenter des difficultés. On peut même dire que ce fut là aussi une des causes de la lenteur avec laquelle l'industrie de l'aluminium s'est développée.

Ce qui met obstacle à l'opération du soudage, c'est la fine pellicule d'alumine dont se recouvre instantanément l'aluminium au contact de l'air, qui contient toujours des quantités plus ou moins grandes d'humidité. Cette mince couche, qui n'est fusible qu'à des températures de beaucoup supérieures à celle de fusion de l'aluminium, s'interpose entre les parties que l'on doit jonctionner et ne permet pas à la soudure de prendre.

Il faudrait, puisque on ne peut pas la fondre, trouver un dissolvant de cette alumine et c'est ce que beaucoup ont cherché.

Les composés chlorés en usage pour souder les autres métaux n'ont pas d'action, et d'autres corps : le borax, le sel de phosphore, le cyanure de potassium, la cryolithe, fondent à des températures supérieures à celle du métal lui-même.

Certains expérimentateurs assurent avoir obtenu de bons résultats avec l'emploi de certains baumes : benjoin, copahu, etc., et M. Ed. Thomas a essayé avec succès le chloro-iodure de zinc, chauffé à 400° environ ; il arrive à galvaniser le métal après enlèvement des chlorures formés et à le rendre propre à recevoir tous les métaux et alliages qui s'allient facilement au zinc.

D'autres corps : chlorure d'argent fondu et bromure, fondants de premier ordre, à doses très faibles, donnent également des soudures, mais pas de nature à résoudre complètement le problème.

* * *

D'une façon générale, les *soudures* proposées pour l'aluminium procèdent presque toutes du zinc, avec des quantités plus ou moins considérables de bismuth, d'étain et d'aluminium.

Nous ne donnerons que l'indication de quelques procédés, car les formules préconisées sont légion et chaque praticien possède la sienne propre.

Soudure Bourbouze. — Parmi les premières soudures expérimentées, se place dès 1886 celle de Bourbouze, préparateur au Collège de France.

Le procédé consiste, ainsi qu'on le fait encore actuellement, à faire subir aux parties des différentes pièces que l'on veut réunir, l'opération ordinaire de l'étamage. Seulement, au lieu d'employer l'étain pur, on doit faire cette opération avec des alliages semblables à ceux dont nous avons déjà parlé, étain et zinc, ou bien étain, bismuth et aluminium, etc.

D'après M. Bourbouze, on arrive à de bons résultats avec tous ces alliages, mais ceux auxquels on doit donner la préférence sont ceux d'étain et d'aluminium (1). Ils devront être préparés en différentes proportions suivant le travail que l'on devra faire subir aux pièces à souder. Pour celles qui devront être façonnées après soudure, on devra prendre un alliage composé de quarante-cinq parties d'étain et de dix d'aluminium. Ce dernier est suffisamment malléable pour résister au martelage.

Les pièces ainsi soudées peuvent être mandrinées et tournées. Celles qui n'auraient à subir aucun travail après le soudage peuvent, quel que soit le métal à souder à l'aluminium, être solidement réunies par la soudure tendre d'étain contenant moins d'aluminium. Cette dernière soudure peut être appliquée avec le fer à souder, en opérant

(1) D'après cette spécification, il semblerait que M. Bourbouze, comme divers auteurs, avait une prévention contre l'emploi du zinc, auquel on a reproché de former, sous l'influence de l'humidité, un couple voltaïque amenant la corrosion de l'aluminium.

Il est certain que, théoriquement, l'action des agents extérieurs sur l'aluminium sera d'autant plus vive que les métaux incorporés sont plus rapprochés dans l'échelle de la pile : zinc, étain, fer, par exemple et plus lente avec les autres, comme le cuivre, le nickel, le chrome ; toutefois, après de multiples essais non seulement avec les substances et métaux déjà proposés mais avec un grand nombre de corps différents, nous avons été à même de remarquer :

1° L'incorporation du zinc dans les soudures nous a toujours paru augmenter le *mordant* de celle-ci et faciliter l'opération ;

2° Nous avons eu effectivement des pièces soudées avec des compositions contenant du zinc qui se sont corrodées au bout d'un certain temps ; mais après de nouvelles recherches, nous avons pu nous rendre compte que l'aluminium soudé avec ces préparations contenait des traces appréciables de sodium ; or l'on connaît l'influence néfaste de ce métal et son rôle nocif au point de vue de l'influence des agents extérieurs sur l'aluminium contenant du sodium.

Il se pourrait donc que la mauvaise réputation que l'on a faite au zinc ait pour cause le sodium entrant dans la composition de l'aluminium impur, car des essais comparatifs faits avec les mêmes soudures sur des échantillons d'aluminium chimiquement pur n'ont pas présenté de corrosion et sont encore sains après plus de dix années. P. R.

comme on le fait pour souder le fer-blanc, ou bien encore dans une flamme.

L'une comme l'autre de ces soudures n'exigent aucune préparation préalable des pièces ; il suffit d'appliquer la soudure, de l'étendre à l'aide du fer à souder sur les parties qui devront être réunies.

Soudure à l'étain et bismuth. — Les mélanges suivants sont aussi employés :

Étain	85 à 95 % en poids
Bismuth	15 à 5 — —

Pour une soudure tendre, il convient de prendre :

Étain	99 parties.
Bismuth	1 partie.

Si l'on désire obtenir une soudure plus résistante, ajouter à cette dernière une partie d'aluminium.

Suivant les applications, les proportions ci-dessus peuvent être modifiées ; ainsi on peut constituer :

Une soudure tendre...... { 90 parties d'étain. / 10 — de bismuth.

Une soudure forte........ { 90 parties d'étain. / 5 — de bismuth. / 5 — d'aluminium.

Dans tous les cas, il faut mélanger les constituants et les fondre en barres. On commence par chauffer modérément les barres préalablement nettoyées, et l'on applique ensuite la soudure avec le fer à souder en se servant de paraffine comme fondant.

Procédé Mourey au zinc et aluminium. — M. Mourey a donné cinq formules dont il déclare les résultats excellents ; dans ces divers mélanges, le premier est le plus faible comme soudure.

	Zinc	Aluminium
I	80 parties	20 parties
II	85 —	15 —
III	88 —	12 —
IV	92 —	8 —
V	94 —	6 —

On commence par fondre le dernier métal en proportion convenable dans un courant de graphite, puis on y ajoute doucement le zinc en remuant constamment.

Soudure au cadmium, zinc, étain.

Cadmium	50 %
Zinc	20 —
Etain	30 —

Soudure à base de zinc, étain et plomb.

Zinc	5 parties.
Etain	2 —
Plomb	1 —

* * *

Il ne faut pas se celer que toutes ces soudures pour l'aluminium, quoi qu'elles soient, ne valent que par la manière dont elles sont employées ; qu'elles sont corrélatives de coups de main, et que leur emploi n'est assuré que par une longue pratique et de nombreux essais.

Emplois divers de l'aluminium

L'aluminium est, à l'heure actuelle, utilisé dans les applications les plus diverses et il rend, dans chaque cas particulier, des services signalés.

La multiplicité même des emplois fait que le métal est utilisé sous des formes très différentes : en lingots de plus ou moins grand poids, en limaille plus ou moins fine, sous forme manufacturée : planches, feuilles, fils, etc., sans compter l'emploi de l'aluminium et de ses alliages coulés, dans les nombreuses applications qui en ont été faites dans l'automobile, l'aviation, la marine, l'alimentation (batteries de cuisine), la chirurgie, etc., etc.

Emploi de l'aluminium dans la métallurgie. — On utilise surtout dans ces cas les propriétés réductrices de l'aluminium.

D'après J. A. Steinmetz, l'emploi de l'Al dans la métallurgie du Fe aurait été indiqué dès 1858, époque à laquelle ce métal appartenait exclusivement au domaine du laboratoire. Toutefois, les premières applications pratiques de l'Al dans l'industrie métallurgique ne remontent guère au delà de l'année 1885, époque où les fameuses fontes Mitis firent leur apparition. Actuellement il est employé dans presque toutes les usines métallurgiques, notamment aux États-Unis.

Par la facilité avec laquelle l'aluminium se combine avec l'oxygène à haute température, il décompose, ajouté en petites quantités dans la masse en fusion, l'oxyde de carbone qui pourrait rester sous forme de gaz occlus, donne de l'alumine, et le carbone restant, ou s'allie avec l'azote ou se présente dans la fonte sous forme de graphite. On évite ainsi les soufflures dans les coulées.

D'autre part, l'adjonction d'aluminium assure au métal un grain régulier, homogène et lui permet de bien remplir les moules en rendant la coulée plus fluide.

L'aluminium rend aussi des services dans la métallurgie du zinc.

* * *

Aluminothermie. — Une application très intéressante que M. Goldschmidt a fait de l'Al est l'aluminothermie. On peut ainsi obtenir de hautes températures sans qu'il soit nécessaire de transporter un matériel encombrant et il est possible de localiser l'action comme on le désire.

Il est incontestable que les réactions sur lesquelles sont basées l'aluminothermie étaient déjà utilisées avant l'application faite par M. Goldschmidt à la soudure du fer ; on préparait avec ce procédé du manganèse exempt de carbone, du chrome, du ferro titane, etc. ; mais c'est bien le Dr Goldschmidt qui le premier attira l'attention sur le fait que, pour arriver à la température de fusion de l'aluminium, il n'était pas nécessaire de réchauffer toute la masse, mais qu'il était possible, une fois la réaction commencée, de faire que celle-ci continuât par elle-même avec une violence que l'on peut jusqu'à un certain point régulariser.

La chaleur est produite par la combinaison de l'aluminium en poudre avec l'oxygène d'un oxyde ou le soufre d'un sulfure métallique. La quantité de chaleur ainsi communiquée au produit de la double réaction n'est que la différence entre la quantité de chaleur développée par la combinaison de l'aluminium avec l'oxygène ou le soufre, et la quantité de chaleur absorbée dans la dissociation des oxydes et des sulfures initiaux. Elle est en général très considérable, comme il résulte du nombre de calories des combinaisons de l'oxygène avec différents corps.

Les tables de Landolt et Bornstein donnent :

Hydrogène	34.200	calories
Carbone	8.317	—
Aluminium	7.140	—
Magnésium	6.077	—
Phosphore	5.964	—
Sodium	3.293	—
Calcium	3.284	—
Soufre	2.200	—
Zinc	1.314	—
Cuivre	321	—
Argent	27	—

L'aluminium est employé, suivant le cas, en grains ou en poudre ; la réaction est provoquée par une amorce formée de poudre d'aluminium et de bioxyde de baryum pulvérisé. Ces matières sont mélangées avec précaution sur une feuille de papier au moyen d'une baguette de bois et agglomérées avec un agglutinant quelconque sous la forme d'une petite boule dans laquelle est inséré un ruban de magnésium servant à l'allumage. La cartouche ainsi constituée est d'un maniement commode. On la pose à la surface du mélange en l'enfonçant un peu au besoin, mais de façon que l'extrémité du ruban de magnésium se trouve en dehors du creuset.

Ce dernier est constitué par un creuset ordinaire en terre réfractaire, garni intérieurement d'un revêtement en magnésie.

* * *

Soupapes électrolytiques. — C'est, il y a plus d'un demi-siècle, en 1857, que Buff découvrit la curieuse propriété que possède l'aluminium de transformer, dans certaines circonstances, le courant alternatif en courant continu, ou plutôt courant ondulé, mais toujours de même sens.

Chacun sait que ce curieux phénomène repose sur le principe suivant :

Si dans un vase contenant comme électrolyte une solution acide (acide sulfurique dilué) ou mieux encore une solution d'un sel alcalin, notamment de phosphate de potassium, on plonge d'une part une lame d'aluminium et, d'autre part, une autre lame métallique (plomb, par exemple), on observe qu'un courant allant de ce dernier métal à l'aluminium traverse l'appareil sans affaiblissement sensible, tandis qu'un courant dirigé de sens inverse ne peut le traverser que si la force électromotrice dont on dispose est supérieure à une certaine valeur. L'appareil fonctionne donc, pour un courant électrique, comme une soupape ou clapet hydraulique pour un courant d'eau ; de là le nom de clapet ou soupape électrolytique qui lui a été donné.

Voici l'explication de cette propriété de l'aluminium :

Si le courant qui traverse le liquide tend à dégager de l'oxygène sur l'électrode d'aluminium, il la recouvre d'une couche d'alumine très mince, mais très mauvaise conductrice qui l'arrête. Si le courant change de sens, l'hydrogène dégagé réduit l'alumine et le courant peut passer ; mais à ce moment, le courant ayant de nouveau changé de sens, une couche d'alumine se forme et arrête cette demi-période, et ainsi de suite.

* * *

Condensateurs électrolytiques. — Dans les cas précédents, on utilisait une électrode d'aluminium et une électrode d'un autre métal (soupapes de Nodon, Limb, etc.) ; mais si nous trempons dans le même électrolyte deux plaques d'aluminium, la couche d'alumine qui se détruira d'un côté se reformera de l'autre et le courant ne pourra passer directement dans aucun sens. S'il continue à passer, c'est que l'appareil se comporte comme un condensateur. Il a alors cette propriété précieuse de laisser passer les courants alternatifs d'autant plus facilement que leur fréquence est plus élevée.

On utilise ces condensateurs électrolytiques comme protection dans les cas d'oscillations occasionnées par les fermetures ou ouvertures de circuits.

* * *

Emplois de l'aluminium en chimie. — L'aluminium est aujourd'hui très employé en chimie, non seulement dans la pyrotechnie adjonctivement avec des corps très oxygénés, chlorates, nitrates, etc., pour la fabrication des matières explosibles, mais encore comme agent de réduction dans de multiples cas.

On utilise l'aluminium dans la purification du sucre de betterave, dans la production du phosphore, dans la fabrication des couleurs, etc. ; mais c'est surtout sous forme manufacturée et notamment en fils que ce métal est intéressant en électrotechnique, et nous étudierons d'une façon spéciale ses applications dans le bobinage et dans les lignes de transports de force, comme conducteurs.

Conducteurs d'aluminium

Les fils d'aluminium trouvent leur application dans deux cas très différents : 1° bobinage, notamment des inducteurs des machines électriques ; 2° lignes de transport de force.

Pour chacun de ces cas, les conditions exigées du conducteur sont différentes. Tandis que dans les cas de bobinage le problème se réduira aux rapports des prix respectifs de l'aluminium et du cuivre d'une part, aux rapports des résistivités et des densités, d'autre part, le problème, s'il s'agit de conducteurs pour les lignes de transport, est beaucoup plus complexe, et la comparaison des fils de cuivre et des fils d'aluminium nécessite un examen approfondi.

Il faut en effet tenir compte d'au moins six facteurs :

1° Du *prix* des deux métaux, car tout finit par se résumer en une question d'économie ;

2° Des *résistivités*, afin de connaître, les ampérages et les résistances étant admis, les diamètres et les longueurs respectifs nécessaires ;

3° Des *densités* afin de juger des poids de chaque métal, pour les longueurs et diamètres établis ;

4° Des *résistances mécaniques*, afin de pouvoir satisfaire aux conditions des cahiers des charges ;

5° Des *différences de diamètres* des deux lignes (aluminium et cuivre) afin d'en tenir compte dans les cas de vent, neige, verglas, etc. ;

6° Enfin de l'*action des agents chimiques extérieurs* (fumées, air saturé de sel marin, atmosphère souillée de vapeurs diverses), etc.

Emploi de l'aluminium pour le bobinage d'inducteurs

De nombreuses tentatives ont été faites dans ce but, il y a plusieurs années déjà, et ce qui plut tout d'abord aux constructeurs, c'est que les fils d'aluminium ne nécessitaient pas l'isolation de ceux-ci au moyen d'un guipage de coton ou de soie, comme c'est le cas avec les fils de cuivre, d'où économie de place.

On sait, en effet, qu'au contact de l'air, l'aluminium se recouvre presque instantanément d'une couche d'alumine qui, bien qu'excessivement mince, suffit pour assurer l'isolation de deux fils contigus dans un enroulement d'inducteur.

Comment se comportent ces bobinages au bout d'un certain temps et dans des conditions de services diverses et difficiles ?

Nous ne pouvons mieux répondre à cette question qu'en mentionnant quelques-uns des résultats du rapport que M. Mariage, directeur général de la Compagnie Générale des Omnibus de Paris, fit au Congrès International de Bruxelles en septembre 1910 :

1° *Durée de service.* — Sur 25 exploitations employant des bobines d'aluminium, 8 en possédaient depuis moins de six mois, 9 en possédaient depuis moins d'un an et 8 en possédaient depuis plus d'un an, sans toutefois que le début des essais remontât à plus de trois ans (année 1907) ;

2° *Nombre de bobines en essai ou en service.* — Sur 25 exploitations employant des bobines en aluminium, 23 en étaient encore à la période d'essais avec un nombre de moteurs équipés variant de 1 à 9.

Une compagnie possédait 120 moteurs équipés (soit 1/11 du nombre total des moteurs) ; une seule enfin en avait muni la totalité de ses moteurs de traction (au nombre de 54) ;

3° *Forme du fil d'aluminium et isolement.* — Sur 19 exploitations ayant fourni des indications sur ce point, 14 employaient le fil d'aluminium de section carrée ou quadrangulaire, 5 employaient le fil de section circulaire.

Une seule exploitation faisait usage de fil avec guipage ; une autre indiquait qu'elle employait du fil nu enduit d'une sorte de vernis laqué ; toutes les autres employaient le fil nu.

Pour ces dernières, l'isolement entre spires était réalisé par la couche d'oxyde recouvrant le fil.

En ce qui concerne l'isolement, non plus de fil à fil, mais entre couches de fils entre lesquelles la tension peut atteindre une valeur importante, il est obtenu par l'interposition, sous faible épaisseur, de substances diverses, telles que papier, fibre, toile simple ou toile imprégnée ;

4° *Section du fil d'aluminium et nombre de spires.* — La résistivité du cuivre à 0° est de 1,6 et celle de l'aluminium 2,7 ; par conséquent, à cette température, pour que deux bobines de dimensions extérieures et de même nombre de tours aient la même résistance, il faudrait que la section d'aluminium soit 1,687 fois celle du cuivre.

Pour être plus exact, il faut tenir compte de la température et appliquer aux chiffres de résistivité ci-dessus la formule de Matthiessen :

$$Rt = R_0 \; (at + bt^2).$$

D'après les résultats d'expérience les plus récents, on sait que le coefficient b est négligeable et que la valeur de a est de 0,004 pour le cuivre et de 0,00365 pour l'aluminium :

Température en degrés centigrades	Résistivité du cuivre	Résistivité de l'aluminium	Rapport de la résistivité de l'aluminium à celle du cuivre
0	1,6	2,7	1,687
80	2,112	3,488	1,651
100	2,240	3,685	1,645
120	2,368	3,882	1,639

L'application de cette formule pour les résistances de 80, 100 et 120° C donne les chiffres indiqués dans le tableau, qui indique également le coefficient par lequel il faudrait multiplier la section de cuivre pour avoir la section d'aluminium d'égale résistance.

En se basant sur la température moyenne de 80°, on voit que la section d'aluminium doit être 1,651 fois celle du cuivre.

Comment peut-on obtenir un tel accroissement de section sans réduire le nombre des spires et sans augmenter le volume total de la bobine ?

Dans les essais faits jusqu'à ce jour avec l'aluminium, on a généralement supprimé le guipage qui existait sur le fil de cuivre et, dans certains cas, on a employé la section quadrangulaire au lieu d'une section circulaire, mais il convient de remarquer que ce second moyen n'a été possible que parce que le fil de cuivre était primitivement circulaire ;

5° *Poids des bobines* (aluminium et cuivre). — La réduction de poids des bobines exécutées en fil d'aluminium est toujours très sensible ; le taux de diminution varie entre 40 et 65 % du poids de la bobine de cuivre et est en moyenne de 50 à 55 % de ce poids.

Cette économie de poids apparaît donc appréciable et avantageuse, en particulier en ce qui concerne la réduction du poids non suspendu du moteur, et de son influence défavorable tant sur le matériel roulant proprement dit que sur la voie ; si nous considérons en effet une automotrice munie de deux moteurs du type T. H. 2 dont les bobines inductrices en fil de cuivre pèsent environ 30 kilogrammes, une réduction de poids de 50 % permet de gagner, à raison de quatre bobines par moteur et de deux moteurs par automotrice : $2 \times 4\ (30 - 15) = 120$ kilogrammes par automotrice ;

6° *Coût de fabrication.* — Un certain nombre d'exploitations indiquent que le prix des bobines en aluminium est moindre que celui des bobines en cuivre.

En général, les renseignements fournis à cet égard sont assez sommaires, et il n'est pas indiqué le prix relatif de fabrication des bobines en aluminium et de cuivre.

M. Paulsmeier, dans son rapport au Congrès de Hambourg, déclarait que la diminution du prix des bobines en aluminium devait être à peu près compensée par le prix de vente, aux vieilles matières, des bobines de cuivre.

Il nous a paru utile de préciser ce point spécial en donnant quelques chiffres de comparaison.

Pour des moteurs du type T. H. 2, on a obtenu, à la Compagnie Générale des Omnibus de Paris, les chiffres suivants :

	Poids du métal d'une bobine	
	Cuivre 31 kgs.	Aluminium 15 kgs.
	frs	frs
Prix d'une bobine	107. »	64. »
Vente du vieux cuivre	40. »	—
Vente du vieil aluminium	—	15. »
Prix par renouvellement de bobine	67. »	49. »

Economie en faveur de l'aluminium par renouvellement d'une bobine (moteur T. H. 2) : 18 francs ;

7° *Avaries survenues en service.* — La plupart des exploitations n'avaient en service des bobines en fil d'aluminium que depuis un temps assez court ; les avaries survenues étaient donc en général très peu nombreuses. Pour les Compagnies dont les essais avaient eu une durée plus longue, les avaries, très rares d'ailleurs, consistaient en coups de feu ou courts-circuits entre spires de la couche extérieure, ou même entre les pattes de fixation des conducteurs et les spires voisines ; ces avaries proviennent le plus souvent du fait de l'humidité ou de l'huile qui a pu pénétrer dans le moteur. Il y a été remédié par un renforcement de l'enveloppe protectrice extérieure des bobines ;

8º *Construction et formation des bobines.* — La plupart des exploitations recevant des bobines toutes confectionnées n'ont pas à se préoccuper de la construction des bobines et en ignorent même le procédé de fabrication.

La Compagnie Générale Française des Tramways (réseau de Marseille) donne les renseignements suivants :

L'isolement entre spires est assuré par la couche d'oxyde et entre couches par du calicot interposé.

Au moment de l'isolement entre couches, on a soin de mouiller le calicot ; on humecte également les spires avec un pinceau. Quand la bobine est terminée, avant de l'isoler extérieurement, on fait passer un courant suffisant pour élever la température à 100º environ, et peu à peu on voit sa résistance augmenter jusqu'à sa valeur normale. L'isolement est alors complet. Par suite, la couche d'oxyde ne peut que s'accentuer.

A la Compagnie Générale des Omnibus de Paris, on recuit généralement entre 200 et 300º le fil d'aluminium destiné à la fabrication des bobines ; le recuit donne au fil une grande malléabilité et permet de la bobiner facilement.

On procède ensuite à la formation de la couche d'oxyde qui assure l'isolement entre spires. Le procédé généralement employé consiste soit à humecter d'eau la bobine au fur et à mesure de la construction, soit à l'immerger dans l'eau une fois construite, puis à la porter à 100 ou 120º par passage à l'étuve, ou en y faisant passer un courant assez fort. Généralement l'immersion est répétée à plusieurs reprises, suivie chaque fois d'un séchage par courant électrique, et ce, jusqu'à ce que la résistance ohmique de la bobine ait atteint sensiblement sa valeur théorique. A noter d'ailleurs que, normalement, cette résistance augmente progressivement en service jusqu'à atteindre la résistance théorique, ce qui indiquerait une amélioration due au renforcement de la couche d'oxyde.

Un auteur, M. Singer, a signalé que la présence d'oxyde hydraté, à faible isolement, était cause que les bobines d'aluminium se comportaient de manière très variable. Il conseille de sécher les bobines à 100°, puis de les exposer à l'air pendant plusieurs jours, et enfin de proscrire l'emploi de matières hydrophiles entre couches de spires.

A la Compagnie Générale des Omnibus de Paris, on utilise un autre procédé de confection qui consiste à tremper la toile isolante placée entre couches dans un produit spécial (produit Lemort) formant vernis protecteur ; la bobine achevée est séchée par passage du courant, sans qu'il soit nécessaire de recourir à l'immersion pour former la couche d'oxyde isolante ; la présence de cet enduit protecteur facilite la formation de la couche d'oxyde et donne à la bobine une résistance mécanique plus grande due à sa compacité.

9° *Vérification de l'isolement des bobines.* — Cette vérification a lieu comme pour les bobines de cuivre, les bobines à vérifier étant en général descendues du moteur.

Cette vérification s'opère soit en mesurant leur résistance ohmique au moyen d'un voltmètre et d'un ampèremètre, soit avec un pont de Wheastone ; enfin, dans des exploitations mieux outillées, cette vérification se fait au moyen d'un appareil spécial ayant pour but de mesurer la force magnétisante de la bobine.

En général, il est préférable de donner aux bobines à essayer un certain serrage assurant le contact des fils de la bobine entre eux, de manière à se rapprocher le plus possible, au cours des essais, des conditions de fonctionnement de la bobine mise en place sur moteur ;

10° *Observations diverses.* — Un soin particulier doit être apporté à la soudure du fil d'aluminium avec les pattes d'extrémité destinées au raccordement des bobines avec le câblage du moteur ; cette soudure est particulièrement délicate par suite de la formation d'oxyde sur la surface de l'aluminium.

De même, il est préférable de constituer la bobine d'aluminium avec une seule longueur de fil, de manière à éviter les soudures dans le corps même de la bobine.

* * *

Résumons en quelques lignes les avantages et les inconvénients des fils d'aluminium.

L'aluminium présente sur le cuivre, au point de vue de la construction des bobines d'inducteurs de tramways, les *avantages* suivants :

1° L'économie de poids en conservant la même résistance ohmique est de 50 % ;

2° Le prix d'achat et, par conséquent, le capital immobilisé, est moindre ; en comptant le cuivre à 2 fr. 15 le kilogramme et l'aluminium à 2 fr. 45, le prix d'achat de la bobine en aluminium serait d'environ 60 % de celui de la bobine de cuivre ;

3° Le coût réel de renouvellement, en tenant compte de la revente de vieilles matières, est, avec l'aluminium, environ 75 % du coût dans le cas du cuivre ;

4° Enfin, bien que l'on ne soit pas encore définitivement fixé, on peut escompter un renouvellement moins fréquent avec les bobines d'aluminium qu'avec les bobines de cuivre en fil guipé. D'après M. Mariage, cet avantage serait dû à deux raisons :

a) L'effet des trépidations et des chocs est beaucoup moins destructeur sur les bobines d'aluminium par suite de leur faible poids spécifique ;

b) L'effet des augmentations de température est aussi beaucoup moins destructeur par suite de la suppression du guipage.

Les *inconvénients* de l'aluminium sont les suivants :

1° Si le volume de la bobine d'aluminium n'est pas augmenté par rapport à celui de la bobine de cuivre, si l'on conserve le même nombre de tours et si la forme de la section du fil est la même, la résistance ohmique de la bobine d'aluminium sera plus élevée. Il en résultera une perte supplémentaire d'énergie par effet Joule, c'est-à-dire une diminution de rendement et par conséquent une augmentation de la consommation par tonne kilométrique ;

2° Toutes les soudures des tronçons de fils d'aluminium entre eux ou des fils d'aluminium avec les pattes d'extrémité doivent être très soignées, sinon on observe des variations importantes de la résistance ohmique.

Pour solutionner le problème, il faut mettre en balance, d'une part l'économie du capital immobilisé et celle résultant des moindres dépenses, d'autre part l'augmentation de la consommation d'énergie par tonne kilométrique.

On est malheureusement encore assez mal renseigné sur la diminution du rendement dans le cas de l'aluminium ; certains constructeurs croient cette diminution assez importante, mais il faut connaître l'influence de la diminution du rendement sur la consommation de l'énergie.

Seuls des essais nombreux peuvent renseigner sur ces valeurs, car, pendant la période du démarrage, c'est-à-dire de fonctionnement sur résistance, l'influence de l'augmentation de résistance de la bobine est négligeable.

L'aluminium dans les conduites électriques aériennes

Il est très compréhensible que l'on ait, vu sa légèreté, désiré remplacer le cuivre par l'aluminium dans les lignes de transport de force ou dans les lignes télégraphiques et téléphoniques.

Mais, lors des premiers essais tentés, il n'était pas possible d'obtenir industriellement l'aluminium au point de pureté nécessaire et, d'autre part, le prix élevé du nouveau métal était prohibitif.

Plus tard, lorsque les usines purent livrer l'aluminium à peu près exempt d'impuretés, notamment de sodium, le problème se simplifia et se résuma presque à un rapport entre les prix du cuivre et de son nouveau concurrent.

Il suffit en effet que ce prix soit un peu inférieur au double de celui du cuivre pour que la substitution devienne avantageuse.

En effet, en admettant, pour simplifier, la conductibilité de l'aluminium commercial comme étant les 50 % environ de celle du cuivre, il faudra, pour avoir la même perte en ligne, employer un conducteur en Al de section double de celle du conducteur de Cu équivalent, c'est-à-dire un volume d'Al double de celui du Cu.

Mais comme, d'autre part, le poids spécifique de l'Al est de 2,6 tandis que celui du Cu est 8,8, il s'ensuit que deux lignes de même résistance coûteront le même prix par unité de longueur si l'on a :

$$8,8 \times C = 2 \times 2,6 \times A.$$

C et A étant les prix du kilogramme de Cu et d'Al ; on en déduit :

$$\frac{A}{C} = \frac{8,8}{5,2} = 1,7,$$

c'est-à-dire qu'il suffit que le prix de l'Al soit, à poids égal, 1,7 fois celui du Cu pour qu'une ligne en Al revienne le même prix que la même ligne en Cu, tout en étant deux fois plus légère, ce qui est le cas depuis plusieurs années.

Mais dans ce raisonnement, en apparence inattaquable, il n'est pas tenu compte de la résistance mécanique à la traction qui est loin d'être à négliger dans l'établissement d'une ligne aérienne. Or la résistance mécanique de l'Al n'est pas plus élevée que celle du Cu, et l'on sait que cette dernière est insuffisante pour la construction de lignes télégraphiques ou téléphoniques.

Il est vrai que le poids d'une ligne en aluminium étant deux fois moindre, la tension sera plus faible, mais comme la section du fil doit être environ deux fois plus grande, l'action du vent, de la neige et du verglas devient plus importante ; or ces différents facteurs ne sont pas à négliger dans les calculs d'établissement de lignes et leur importance varie avec les conditions du tracé.

Comme le dit très bien M. A. Blondel (1), il est certain qu'en plaine c'est l'action des grands vents qui est le plus à craindre, tandis qu'en pays de montagne, c'est au contraire la neige et la glace qui produiront les actions les plus dures, surtout combinées avec les grands froids et un vent trop faible pour casser les glaces ou chasser la neige.

Autrefois, avant le nouvel arrêté réglementaire, on prenait, en France, le verglas en considération, en supposant, par exemple, que le verglas double le poids et triple le diamètre du conducteur, et qu'il est détruit par un vent faisant une pression de 10 kilogrammes par millimètre carré. D'autres auteurs admettraient un verglas doublant le diamètre et multipliant le poids par 1,5 et pouvant être détruit par un vent de 30 kilogrammes par mètre carré de surface.

M. Picou indiquait, il y a quelques années (2), comme probable sur les câbles, la présence d'amas de neige ayant dix fois le diamètre du fil et une densité de 0,2, et pouvant être balayés par un vent de 6 mètres par seconde (pression $2^{k},4$ par mètre carré), ou un volume de glace égal à cinq fois le volume du conducteur avec une densité de 0,9 et pouvant être cassé par un vent d'une vitesse de 20 mètres

(1) A. BLONDEL, *Calcul des Lignes aériennes* : La Lumière électrique, T. XXIII, n° 33, page 204.

(2) PICOU, *Canalisations électriques* : Lignes aériennes industrielles, page 187.

(pression correspondante 24 kilogrammes par mètre carré) ; mais il remarquait que ces chiffres peuvent être encore dépassés en air calme ; par exemple, près de Saint-Etienne, on a pu constater 50 millimètres de diamètre de glace sur un fil de 5 millimètres en 1897-1898.

C'est lors de ces cas difficiles que les nombreux alliages de l'aluminium et du cuivre peuvent rendre les plus grands services, puisqu'on en peut trouver dont la résistance mécanique égale celle du bronze phosphoreux, ce qui permet d'obtenir des lignes beaucoup plus légères que les lignes en bronze tout en ayant même conductibilité et sensiblement même prix de revient, celui-ci étant même parfois à l'avantage de l'aluminium.

Il faut remarquer toutefois que M. Adam, qui a discuté la question des avantages ou inconvénients comparatifs de l'aluminium et du cuivre, relativement aux diamètres avec de minutieux détails dans *Engineering Magazine*, affirme que la comparaison n'est pas au désavantage de l'aluminium.

A l'appui de son dire, M. Adam rappelle que la pression totale du vent étant proportionnelle à la surface sur laquelle elle agit, c'est-à-dire sur la moitié de la surface extérieure des poteaux et des conducteurs, elle est bien augmentée sur les conducteurs en raison de leur diamètre plus grand, mais que, par contre, elle se trouve diminuée sur les poteaux pour une longueur donnée puisque ces poteaux sont plus espacés. Il s'ensuit que le pourcentage d'augmentation, en admettant même qu'il existe, est excessivement faible.

De l'avis des intéressés, les vibrations des lignes aériennes en aluminium, et, par conséquent, la fatigue supportée par les poteaux et les isolateurs est beaucoup plus faible qu'avec les lignes en cuivre par suite de la flèche plus accentuée que l'on est obligé de donner aux conducteurs et aussi, probablement, à cause de leur plus faible poids.

C'est à cause du coefficient plus élevé de dilatation que l'on est obligé de donner aux lignes en aluminium une flèche plus prononcée. En effet, tandis que l'Al se dilate de 0,0202 de sa longueur entre 0 et 100° C, la dilatation du cuivre n'atteint que 0,0016.

Le diamètre plus grand des conducteurs en aluminium présente en outre certains avantages lorsqu'il s'agit de transmissions par courants alternatifs à de très hautes tensions.

L'inductance, en effet, qui varie en raison du diamètre des conducteurs employés, toutes choses étant égales d'ailleurs, est moindre, par suite, avec des conducteurs d'aluminium qu'avec des fils de cuivre.

D'autre part, sous de hautes tensions, c'est-à-dire à 40.000 volts et au-dessus, les décharges silencieuses constantes qui se produisent entre conducteurs d'un même circuit sont d'autant plus importantes que le diamètre de ces conducteurs est plus faible et elles s'accordent en raison directe de la longueur de la ligne. Les conducteurs en aluminium présentant des diamètres plus grands provoqueront donc une diminution de ces pertes ; ils permettent par conséquent d'étendre le rayon de la transmission pour de grandes puissances et augmenteront le nombre des transmissions possibles dans les petites installations.

* * *

Pour ce qui est des jonctions, raccords, etc., des conducteurs d'Al ou de ses alliages, l'ingéniosité des constructeurs a trouvé de nombreux dispositifs qui permettent, dans chaque cas particulier, de trouver une excellente solution, aussi les transports de force, lignes d'alimentation, etc., utilisant le nouveau métal ont-ils augmenté dans de grandes proportions au cours de ces dernières années, sans que l'on ait eu à enregistrer d'accidents ou d'ennuis graves résultant du remplacement des lignes de cuivre.

Lorsqu'il ne s'agit plus seulement de lignes de petit diamètre, mais de conducteurs de plus grande section, jusqu'à 25 millimètres carrés, on emploie avec succès des conducteurs cablés qui peuvent être livrés dans de grandes longueurs, ceci parce que la résistance mécanique de chaque brin étant plus élevée assure une sécurité supérieure à celle d'une même section totale d'un seul conducteur. Ces câbles sont également d'un emploi plus aisé parce que plus souples lors du montage.

* * *

Poids comparatifs des fils d'aluminium et de cuivre

Diamètre en mm...	10,0	9,5	9	8,5	8	7,5	7	6,5	6	5,5
Poids d'Al en gr. par m.	212,0	191,4	171,7	153,2	135,7	119,3	103,9	89,58	76,32	64,12
Poids de Cu en gr. par m.	699,00	630,85	566,19	505,03	447,36	393,19	342,51	295,33	251,64	211,45

Poids comparatifs des fils d'aluminium et de cuivre (*Suite*).

Diamètre en mm ...	5	4,5	4,0	3,5	3,0	2,5	2,0	1,5	1,0	0,5
Poids d'Al en gr. par m.	53,0	42.93	33,91	25.97	19,06	13,23	8.48	4,77	2,12	0,53
Poids de Cu en gr. par m.	174,75	141,55	111,84	85,628	62,91	43,588	27,96	15,728	6,99	1,7475

Fils et câbles isolés. — Vu le diamètre plus grand des fils d'aluminium comparés à ceux du cuivre, il est certain que le recouvrage des fils isolés est plus coûteux dans le cas de l'Al, les quantités de matières isolantes exigées étant plus considérables ; mais, dans la fabrication des câbles de plus grosses sections, par exemple 50 millimètres carrés pour courant continu ou, en courants alternatifs, de 25 millimètres carrés par phase, la dépense du câble en Al est moindre que celle du câble en Cu, malgré le coût plus élevé des matières isolantes, la différence entre les prix des conducteurs nus, favorable à l'Al, étant plus importante que celle des isolants.

Transports de force utilisant des conducteurs en aluminium

Ainsi que nous l'avons dit, le nombre des lignes en aluminium s'est considérablement augmenté au cours de ces dernières années.

Actuellement, il en existe au Canada et aux États-Unis plus de 3.000 kilomètres ; plus d'un millier de kilomètres en France et fort peu en Angleterre (250 kilomètres, environ), nous verrons plus loin pourquoi.

Les premières lignes furent installées en Amérique, notamment entre Niagara-Falls et Buffalo (33 kilomètres).

Dans cette installation, les deux anciennes lignes en cuivre comprenaient six conducteurs ayant une section de 177 millimètres carrés chacun, avec une flèche très restreinte ; lorsque le vent était un peu accentué, tous ces conducteurs vibraient à un tel point que poteaux, consoles et appuis entraient eux-mêmes en vibration et *fatiguaient* d'une façon excessive.

Après le remplacement des fils de cuivre par des conducteurs en aluminium ayant une section de 253 millimètres carrés, on réserva une flèche très accentuée entre les poteaux, de telle sorte que les conducteurs prirent une position à peu près fixe sous l'effort du vent et que les vibrations furent, pour ainsi dire, nulles. Dans le premier cas, la distance entre poteaux était de 21 mètres, tandis que dans le second cas elle était de 42 mètres. Cette constatation est à l'appui de ce que nous avons dit précédemment à ce sujet.

Il est intéressant de mentionner ici les essais tentés en Angleterre, en 1900 et 1901, par un ingénieur électricien anglais, M. Kershow. Les fils qu'il avait employés à cet effet avaient une longueur déterminée, 0^m60, et étaient montés sur des isolateurs de verre, bien parallèles entre eux et dans un plan rigoureusement horizontal ; ils étaient disposés de manière que les gouttelettes d'eau se formant sur eux ne puissent pas tomber de l'un sur l'autre et provoquer ainsi une action électrolytique quelconque.

Les expériences portèrent sur les différents métaux et alliages employés comme conducteurs, tels que :

Cuivre, cuivre étamé, fer galvanisé, aluminium, etc. Le poids de chacun des fils fut déterminé avant la mise en place et à la fin des expériences. On put se convaincre :

1° Que tous les conducteurs d'aluminium avaient augmenté en poids, augmentation qui variait d'un fil à l'autre ;

2° Que cet accroissement devait être attribué à la corrosion de ces fils et à l'incorporation de poussières dans les crevasses.

Quant à la conductibilité électrique et à la résistance mécanique, elles avaient diminué d'une façon sensible.

On en avait forcément conclu en Angleterre au rejet de l'aluminium employé comme conducteur électrique nu, dans l'intérieur des villes surtout, où les fumées et les différentes vapeurs peuvent provoquer une détérioration rapide.

Ces essais datent de treize ans, et nous avons déjà dit qu'à cette époque on ne pouvait pas assurer avoir des fils d'aluminium exempt d'impuretés ; mais il est un moyen bien simple d'éviter la corrosion, c'est de recouvrir les conducteurs d'un vernis protecteur. C'est ce qui a été fait sur la ligne de transmission de Niagara-Falls à Buffalo, où les conducteurs d'aluminium sont nus sur une grande partie de leur parcours ; mais dans le voisinage des fabriques de produits chimiques, les fils ont été recouverts d'une enveloppe asphaltée.

Disons que les conducteurs d'aluminium fabriqués et vendus maintenant pour les lignes de transmission sont souvent revêtus d'une préparation fort peu coûteuse qui les préserve absolument d'une corrosion quelconque. De plus, afin d'obtenir une solidité et une flexibilité plus grandes, les conducteurs d'aluminium sont le plus souvent employés sous forme de câbles à plusieurs brins.

États-Unis et Canada. — Ainsi le câble d'aluminium de 93 millimètres carrés qui réunit les chutes de Shawinigan à Montréal (137 kilomètres) comprend 7 fils de 3 millimètres de diamètre, et celui qui relie Electra à San-José se compose de 37 fils du même diamètre.

Déjà en 1904 plusieurs grandes lignes de l'Amérique du Nord étaient en aluminium :

D'abord la station d'énergie d'Electra, qui alimente San-José et San-Francisco, avec des lignes de transmission d'une longueur de 248 kilomètres. La ligne comprend jusqu'à San-José, c'est-à-dire sur une distance de 160 kilomètres, trois câbles de 200 millimètres carrés de section et d'un poids total de 326.704 kilogrammes.

Puis venait la ligne de Colgate à Oakland, distance 232 kilomètres, utilisant trois câbles en fils d'aluminium du poids d'environ 200 tonnes.

Enfin venait la ligne qui réunit les chutes de Shawinigan à Montréal, et qui s'étend sur une longueur de 137 kilomètres.

Voilà pour les grands transports de force ; mais, à cette époque, d'autres lignes, de moindre importance, existaient également :

Celle de Farmington à Hartford, celle de Lewiston et celle de Ludlow dans le Massachusetts. De plus, des lignes en aluminium étaient employées pour distribuer l'énergie aux sous-stations de plusieurs réseaux, de chemins de fer électriques, comme ceux d'Aurora et Chicago, qui relient des villes éloignées de 70 kilomètres. On avait également adopté l'aluminium pour certains circuits de distribution d'éclairage et de force motrice ; c'est ainsi qu'à Manchester, dans le New-Hampshire, les lignes de distribution comprenaient 6 kilomètres de conducteurs d'Al recouverts d'un préservatif d'oxydation. Le plus gros de ces câbles se composaient de 37 brins de fil de 4 millimètres de diamètre.

Aujourd'hui, les lignes en aluminium se sont développées et nous pouvons citer celles de la Telluride C° (166 kilomètres), celle de Niagara-Ontario (700 kilomètres), etc.

France. — En France plusieurs lignes importantes sont équipées avec des conducteurs d'aluminium, et, parmi celles-ci, nous citerons :

celles de la Société Énergie Électrique du Littoral Méditerranéen (160 kilomètres) ; de la Société Betteroise de Force et Lumière (30 kilomètres) ; de la Société Dauphiné-Centre (150 kilomètres) ; de la Société d'Électricité de la vallée du Rhône (300 kilomètres), etc.

Norvège. — Enfin en Norvège (nous avons déjà mentionné l'Angleterre avec 250 kilomètres de ligne), le transport d'énergie de Rjckanfos, qui n'a qu'une longueur de 5 kilomètres, mais qui comprend 60 câbles parallèles, montés par groupes de 12 sur des séries de cinq pylônes juxtaposés.

Les lignes transportent 170.000 kilowatts utilisés à la fabrication des nitrates.

BIBLIOGRAPHIE

OUVRAGES :

Aluminium-Industrie A.-G., Neuhausen (Schaffhouse) : *Aluminium und Aluminium-Legierungen.*

L. David : *Lampes à Incandescense.*

E. Dusaugey : *Les Conducteurs d'Électricité en Aluminium.*

G. Flusin : *L'Industrie de l'Aluminium.*

L. Guillet : *Précis d'Électrochimie et d'Électrométallurgie.*

Victor Henry : *Cours de Chimie-Physique.*

A.-F. Hollemann : *Traité de Chimie inorganique.*

E. Kohn-Abest : *Recherches sur l'Aluminium.*

Laboureur et Lefort : *Les Fours Électriques.*

Lodin : *Note sur la Fabrication Electrolytique de l'Aluminium.*

A. Mariage : *Rapport au Congrès International de Bruxelles,* 1910 *(Emploi de l'Aluminium).*

Matignon : *Electrométallurgie des Fers, Fontes et Aciers.*

H. Meunicke : *Die Metallurgie des Wolframs.*

P. Moissonnier : *L'Aluminium.*

Montpellier et Alliamet : *Instruments et Méthodes de Mesure.*

H. Ollivier : *Cours de physique générale.*

Dr W. Ostwald : *Éléments de Chimie inorganique.*

M. Paulsmeir : *Rapport au Congrès de Hambourg* 1909 *(Emploi de l'Aluminium).*

F. de Poncharra : *Propriétés des matériaux de l'Électrotechnique.*

J.-H. Vant-Hof : *La Chimie-Physique et ses Applications.*

E. Vigneron : *Electrochimie.*

REVUES :

The Australian Mining Standard (Sydney and Melbourn).

Boletin de la Societad National de Miniera (Santiago).

The Brass World and Plaster's Guide (Bridgeport).

Chemiker Zeitung (Coelhen).

Electrical Review (Londres).

Electrical Review and Western Electrician (Chicago).

Electrical World (New-York).

Elektrische und Maschinelle Betriebe (Leipzig).

Elektrotecnische Rundschau (Francfort).
Engineering (Londres).
Franklin Institut (Philadelphie).
Génie civil (Paris).
The Iron and Steel Institute (Londres).
La Lumière Électrique (Paris)
Metallurgie (Halle a/s).
Metallurgical and Chemical Engineering (New-York).
Mines and Minerals (Scranton).
Mois Scientifique et Industriel (Paris).
La Revue Électrique (Paris).
La Revue Industrielle (Paris).
La Revue Polytechnique (Genève).
Transactions of the American Electrochemical Society (Sount Bethleem).

TABLE DES MATIÈRES

CHAPITRE PREMIER

FUSIBLES ET COUPE-CIRCUIT

CHAPITRE II

CONDUCTEURS

CHAPITRE III

ALUMINIUM

Pap., Grav. et Imp. L. GEISLER,
Aux Châtelles, par Raon-l'Étape (Vosges)

Pap., Grav. et Imp. L. Geisler, aux Châtelles, par Raon-l'Étape (Vosges).

www.ingramcontent.com/pod-product-compliance
Lightning Source LLC
LaVergne TN
LVHW050421160826
845677LV00002BA/468

* 9 7 8 2 3 2 9 7 3 2 2 1 3 *